Gütersloher Taschenbücher / Siebenstern 822

Mitten unter uns

Jesusgeschichten –
der Bibel nacherzählt

Herausgegeben von Dietmar Gerts,
Ute Melchior-Giovannini und
Florian Sorkale

Gütersloher Verlagshaus
Gerd Mohn

Originalausgabe

CIP-Kurztitelaufnahme der Deutschen Bibliothek

Mitten unter uns: Jesusgeschichten – d. Bibel nacherzählt / hrsg. von Dietmar Gerts...
Gütersloh: Gütersloher Verlagshaus Mohn, 1987.
(Gütersloher Taschenbücher Siebenstern; 822)
ISBN 3-579-00822-6

NE: Gerts, Dietmar [Hrsg.]; GT
– Orig.-Ausg. –

Umschlaggestaltung: Dieter Rehder, Aachen, unter Verwendung eines Fotos aus: Bildwerk zur Bibel. Band 1. Jörg Zink. Burckhardthaus-Laetare Verlag GmbH, Offenbach (Bild Nr. 11, Familie im Zelt)
Gesamtherstellung: Clausen & Bosse, Leck
Printed in Germany

Inhalt

Jesus? – Erzähl doch mal!

Für die einen ist er der Sohn Gottes. Die anderen reagieren allenfalls mit einem »Och, der!«, wenn sein Name fällt. Es ist nicht anders als zu seiner Zeit damals: Auch heute scheiden sich an Jesus die Geister.
Das Nacherzählen von Jesus-Geschichten hat stets etwas Ärgerliches und etwas Faszinierendes zugleich. Ärgerlich sind solche Passagen und Wendungen, die auf den ersten Blick »nicht ins Bild passen«, die vermeintlich »daneben geraten« sind und uns aufregen. »Das steht doch aber ganz anders bei ...« und schon greifen wir zur Bibel und lesen im Originaltext nach (die beiden Register am Schluß dieses Buches sollen das Nachschlagen erleichtern helfen!). Vielleicht entdecken wir dann auch etwas Neues, etwas, was wir bisher noch nicht gesehen haben. – Faszinierend sind die Erzählungen, wenn sie die Texte des Neuen Testaments durchsichtig machen für das, was uns heute bewegt – jeden in seiner Situation und uns gemeinsam als Menschen dieser Gesellschaft.
Die Jesus-Geschichten sind in der Jugend- und Erwachsenenarbeit entstanden und haben deshalb konkrete Bezüge zu Fragen unserer Zeit. In ihnen werden die wichtigsten Stationen des Lebens Jesu nachempfunden: von der Geburt über sein Wirken in Galiläa und Judäa bis zu seiner Kreuzigung und Auferstehung.

Warum wir ausgerechnet von Jesus erzählen? Wir wollen es so sagen:
Als die Leute der Aufforderung noch willig Folge leisteten, sich in Listen eintragen und zählen zu lassen, wurde einer geboren, dessen Leben kein Ende nehmen sollte.

Schon als Kind ein Asylant,
findet er Zuflucht da,
wo ›Ausländer raus!‹ unbekannte Worte sind.
So muß er erst heim, als die Gefahr vorbei.
Das Handwerk seines Vaters macht er zu seinem eigenen,
doch beruflicher Erfolg bedeutet ihm nicht die Welt.
Die Heiligen Schriften seines Volkes kennt er auswendig,
doch sie binden ihn nicht an vorhandene Strukturen.

Noch als junger Mann ergreift er einen zweiten Beruf.
Er beginnt,
den Leuten den ›geraden Rücken‹ zu lehren.
Sie seien – predigt er –
Töchter und Söhne Gottes;
Kinder des Vaters im Himmel,
der das Leben will und die Menschen liebt.
Sie hätten die Freiheit,
›nein‹ zu sagen zu Vorschriften,
die die Luft zum Atmen nähmen.

›Das war schon immer so!‹ kennt er nicht.
›Da kann man nichts machen!‹ erklärt er nie.
Sein ›Ich aber sage euch ...‹ reißt den Horizont auf
und öffnet vielen Menschen die Herzen.
Heiligen Leichtsinn empfiehlt er statt Sorge.
Auch die Preisgabe jeglichen materiellen Denkens:
›Hast du was, so bist du was!‹

Er betreibt sein neues Handwerk konsequent.
Kindern ruft er zu:
›Kommt her! So beginnt Gottes Reich!‹
Frauen, an Haus und Herd gebunden,
macht er Mut:
›Löst euch aus den Fesseln!‹
Sünder holt er aus dem Teufelskreis von Schuld und Sühne.
Kranke gewinnen in seiner Nähe neue Perspektiven.
Und der, mit dem keiner mehr etwas anfangen kann,

ist ihm gerade recht.
Er bewirkt Gemeinschaft unter Menschen selbst dort noch,
wo Verrat und Treulosigkeit seine Tischgenossen sind.

Für einige ›bringt er nur Unruhe unter's Volk‹.
Als den religiösen und politischen Machthabern
vor Angst nur noch das Polizeiaufgebot
und die Verhaftung einfällt,
läßt er sich gefangennehmen.

Aber er verrät
weder seinen himmlischen Vater,
noch seine Sache
noch irgendein Wort, das er verkündigt.

Sie schlagen ihn tot
und nennen ihn höhnisch
»König der Juden«.
Er aber bleibt nicht in der Gruft,
die ihm als ›letzte Ruhestätte‹ zugedacht.

Er beunruhigt uns weiter.
Auch hier!
In ›diesem unseren Lande‹!

Berlin/Wuppertal, im Mai 1987
Dietmar Gerts/Ute Melchior-Giovannini/Florian Sorkale

In dieser Nacht

Hast Du schon einmal ein Horn,
ganz laut geblasen, gehört?
Viele Menschen erschrecken,
wenn sie ein solches Instrument hören.
Sie wissen, das bedeutet nichts Gutes.
Feuer, Alarm, Unwetter.

Die Leute von Nazaret hörten ein Horn.
Sie wußten sogleich: Das bedeutet nichts Gutes!
Ein Bote des Statthalters war es,
der die Menschen zusammenrief.
Er brachte eine Botschaft des Kaisers:

»Ich, Augustus, Kaiser von Rom,
ordne an:
›Geht in die Stadt, in das Dorf,
aus dem eure Familie stammt.
Jeder soll sich dort in eine Liste eintragen lassen.
Wir wollen die Menschen zählen. Alle.
Ihr wollt Straßen. Ihr wollt Schutz gegen Feinde.
Ihr wollt in Ruhe und Ordnung leben.
Das kostet Geld.
Wir brauchen eine Menge Geld. Steuern.
Darum ist die Volkszählung dringend notwendig.
Wer sich weigert, wird bestraft.
Geht in Eure Heimatstadt
und laßt Euch in die Liste aufnehmen!
Ich, Augustus,
befehle es.‹«

So die Botschaft.
Verkündet auf dem Marktplatz von Nazaret.
Die Menschen sehen sich an.
Verwirrt. Erschrocken. Erst einmal ratlos.
Das ist keine gute Nachricht.
»Hast du das gehört?«
»Ja! – Wo mußt du denn hin?«
»Ich? Nach Jericho! Und du?«
»Ich muß nach Emmaus.«
»Und du, Maria?«
»Ich ... – ich muß mit Joseph gehen.
Joseph stammt aus Betlehem.«
»Das ist ein weiter Weg – besonders für dich!«
»Ja!« Maria erwartet ein Baby.
In diesem Zustand eine beschwerliche Reise machen?
Kurz vor der Geburt des Kindes?
Es gibt keinen Ausweg!
So gehen auch sie. Maria und Joseph.
Nach Betlehem.
Quer durch das Land.
Es gibt keinen Ausweg:
Der Kaiser hat es befohlen!

Betlehem ist eine kleine Stadt,
wie Nazaret.
Betlehem ist eine besondere Stadt.
Es ist Davids Stadt!
Viele hundert Jahre ist es her,
daß David Israels König war.
Ein großer König.
Ein berühmter König.
Aus Betlehem.
Jeder, der aus Betlehem stammt,
ist heute noch stolz darauf.

Die Menschen in Betlehem sind freundlich.
Sie nehmen gerne all die Menschen auf,

die zur Volkszählung in die Stadt kommen.
Es werden immer mehr. Die Häuser füllen sich.
Dann ist es soweit: »Alles belegt!«
Das bekommen auch Maria und Joseph zu hören:
»Voll!« »Besetzt!«
»Kein Platz mehr!« »Tut mir leid!«
»Versucht es mal bei ...!«
Da hilft auch kein:
»Aber ich bekomme ein Kind! Bald!
Jeden Augenblick kann es soweit sein!«

Sie sind zu spät gekommen.
Es gibt keine Unterkunft mehr.
Dann sagt einer:
»Halt! Wartet!
Ich habe noch einen Stall.
Dort könnt Ihr hin!
Keine Luxuswohnung. Aber ein Dach über'm Kopf.
Für eine Nacht mag es gehen.
Wollt Ihr?«
Und ob sie wollen!
Maria und Joseph sind müde.
Die weite Reise steckt ihnen in den Knochen.
Die vielen Absagen haben ihnen den Mut genommen.
Aber es gibt einen Stall.
Im Stall finden sie Schutz. –

In dieser Nacht
bringt Maria ihren ersten Sohn zur Welt.
Sie wickelt ihn in Windeln.
Sie legt ihn in eine Futterkrippe.
Das ist das Bett des Babys.
Ein Futtertrog.
Sonst fressen die Tiere daraus.
Jetzt ist es die Wiege eines Babys.
In dieser Nacht.
Sie nennen das Kind ›Jesus‹. »Gott hilft!«

Sie sind nicht die einzigen, die wach sind.
In dieser Nacht.
Hirten sind da.
Vor den Toren Bethlehems.
Sie passen auf die Schafe auf.
Daß die Herde zusammen bleibt.
Daß kein Dieb ein Schaf wegnimmt.
Daß kein Raubtier in die Herde einfällt.
Starke, rauhe Männer sind diese Hirten.

Sie sind draußen. Allein.
Vor der Stadt.
Das macht sie einsam.
Sie müssen mit Dieben fertig werden.
Mit jedem Wetter.
Das macht sie rauh.
Sie müssen sich gegen Raubtiere wehren.
Sie müssen Hindernisse aus dem Weg räumen.
Felsen, Gestrüpp, Bäume.
Sie sind stark.
Die Menschen haben Angst vor ihnen.
Keiner mag sie besonders.
»Bleib' mir bloß weg mit denen!«

Die Schafe schlafen jetzt.
Die Hirten passen auf.
Es ist ganz dunkel.
Plötzlich wird es hell.
Die Hirten bekommen einen Schreck.
»Was ist das?«
»Ist da wer?«
»Was ist das für ein Licht?«
»Da ist doch jemand!«
Sie springen auf.
Sie haben Angst.
Sie fürchten sich.

Einer steht vor ihnen.
Die Hirten verbergen ihr Gesicht.
»Gott sei uns gnädig!«
Der vor ihnen steht, redet freundlich mit ihnen:
»Keine Angst!« hören sie. »Fürchtet Euch nicht!
Ich habe eine Gute Nachricht.
Eine Gute Nachricht von Gott.
Für Euch!
Gott ist da. Ganz nahe.
In einem Kind.
Ein kleines Baby.
Geboren in dieser Nacht.
Das ist die Rettung.
Gehet hin!
Überzeugt Euch selbst!
Ihr werdet es finden: Das Kind.
Im Stall.
In Windeln.
Es liegt in einer Futterkrippe.
Das ist der, auf den alle Welt wartet:
Er wird Euch frei machen von allem,
was Euch Angst macht.«

Auf einmal ist es,
als begänne die ganze Welt zu singen:
»Alle Ehre gehört Gott.
Das ist himmlisch!
Er liebt die Menschen.
Es ist Frieden!«

Die Hirten sind aufgeregt:
»Habt Ihr das gehört?«
»Gott kommt zu uns!«
»Ein Kind, in einem Stall!«
»Der Retter in einem Futtertrog!«
»Kaum zu glauben!«
»Was ist das für eine Geschichte?«

»Kommt, das müssen wir sehen!«
»Schnell!!«

Die Hirten lassen die Schafe zurück.
Sie eilen zum Stall.
Sie finden das Kind.
In der Futterkrippe.
Jesus.
Bei ihm Maria und Joseph.

Sie sehen: Er ist da.
Der Retter ist geboren.
In dieser Nacht.
Jesus!

Sie laufen hinaus.
Sie rufen es in alle Richtungen.
»Freut Euch! Eine Gute Nachricht! Freut Euch!«
»Jesus ist geboren!«
»Der Retter ist da!«
»Für uns!«
»Für Euch!«
»Für alle Menschen!«
»Gott ist da!«

Maria merkt sich jedes Wort.
Sie nimmt es sich zu Herzen.
Sie denkt darüber nach:
Jesus, der Retter!?
Ein kleines Kind.
Mein Baby.
Im Stall.
Bei den Hirten.
Bei den einfachen Leuten.
So ist unser Gott.

Dietmar Gerts/Florian Sorkale
Nach Lukas 2,1–20

»Auf diesen Ort will ich meinen Frieden legen«

Es ist was los in Betlehem.
Simeon und Naemi reiben sich geschäftstüchtig die Hände. Sie sind Inhaber der Herberge ›Melek David‹, König David. Kaiser Augustus in Rom hat bestimmt, daß alle Bewohner des römischen Reiches in Steuerlisten erfaßt werden sollen. Jeder in dem Ort, wo seine Familie herstammt. So zog jeder in die Heimat seiner Vorfahren, um sich dort eintragen zu lassen. Herbergswirte und Reiseleiter, Reittierverleiher und Proviantverkäufer werden wach. Es gibt was zu verdienen. Auch in Betlehem, sonst eher ein ruhiges Plätzchen.
Simeon und Naemi haben alles bestens vorbereitet: Schlafdecken sind rings um den großen Innenhof ausgebreitet, in der Mitte steht ein großer Tisch mit Obst, Oliven, Milch und Käse, ein Hammel brät am Spieß und große Krüge voll kühlen Wassers stehen bereit. Der Platz für die Tiere ist hergerichtet. Im Stall liegen Heu und Stroh. Die Gäste können kommen!
Eine Handelskarawane trifft ein. Die Lasttiere sind schwer beladen. Müde und erschöpft steigen die Kaufleute von ihren Kamelen. Sie haben einen langen Weg hinter sich. Sie satteln ihre Tiere ab und stellen ihre kostbare Ware gleich in den großen Innenhof. Säcke mit Pfeffer und Seidenballen haben sie aus Indien durch die Wüste bis hierher gebracht. Sie wollen in Betlehem übernachten und am nächsten Tag weiter nach Jafo, zum Hafen, um dann mit dem Schiff nach Rom zu fahren. Dort wollen sie ihre Ware für viel Geld verkaufen.
Stolz und selbstbewußt sind sie, die Kaufleute. »Wirt«, rufen sie, und dienstbeflissen kommt Simeon herbei, »Ihr habt doch

noch Platz?« »Ja, sicher.« Er macht eine tiefe Verbeugung. »Sucht Euch die Schlafplätze aus. Meine Frau wird Euch zu Diensten sein.«

Die Kaufleute machen sich breit an der besten Stelle. Sie genießen den frischen Käse, die Oliven, das Obst und das kühle Wasser. Sie sind wortkarg. Sie haben nur eins im Sinn: Ausruhen und Schlafen. Am nächsten Morgen müssen sie früh raus.

Stimmen werden laut draußen auf der Straße: »Höre Israel, höre die Gebote und Weisungen des Herrn, unseres Gottes, ich werde sie Euch jetzt verkünden.« Pharisäer kommen, die frommen Männer in Israel.

Den Weg von Jerusalem nach Betlehem haben sie zu Fuß zurückgelegt. Dabei haben sie laut aus der Thora, ihrem Gesetzbuch, gelesen. Das ist ihr offenkundiger Protest gegen die Weisungen des Kaisers Augustus. So wollen sie ausdrücken, wer ihr wirklicher Gesetzgeber ist, dem sie allein folgen.

Simeon und Naemi begrüßen die Pharisäer freundlich. Sie wissen, auch sie bringen Geld und, was noch wichtiger ist, das sind ordentliche Leute.

Pharisäer und Kaufleute begrüßen einander. Die frommen Männer suchen sich einen Platz. Simeon und Naemi bringen ihnen zu essen und zu trinken. Die Pharisäer können haben, soviel sie wollen. Sie werden es mit ›gutem Geld‹ bezahlen.

Da! Ein Klopfen. Ein hartes Schlagen an der Tür. Alle zukken zusammen. »Aufmachen!«, dröhnt es von draußen. »Sofort aufmachen!« Simeon und Naemi reißen die Tür auf. Vor ihnen steht eine römische Patrouille. »Einquartierung!« sagt der Hauptmann knapp. Hinter ihm seine Leute. »Einquartierung!« wiederholt der Hauptmann. »Viele Fremde kommen in die Stadt. Wer weiß, was für zwielichtige Gestalten darunter sind. Wir werden auf der Hut sein. Wir sorgen für Ruhe und Ordnung! Befehl des Stadtkommandanten.« Sagt's und geht schnurstracks in den Hof. Die Soldaten hinterher. Die Pharisäer rücken zusammen – weg von den verhaßten Römern! Die Soldaten nehmen sich Essen und

Trinken vom Tisch. Das ist so üblich. Eine Besatzungsmacht bezahlt nicht, die nimmt sich, was sie braucht!
Der Hauptmann tritt an Naemi heran: »Habt Ihr Öl und Verbandszeug?« »Ja, gewiß doch«, dienstbeflissen bringt sie das Nötigste herbei. Da sieht sie, einer der Soldaten hat eine schwere Platzwunde am Kopf. »In der letzten Woche«, sagt der Römer, »sind wir überfallen worden, in den Bergen von Juda, von diesen Terroristen! Wehe, wenn wir die zu fassen kriegen, diese Zeloten! Dann ist ein für alle Mal Schluß mit ihnen. Gefangene werden nicht gemacht. Befehl von oben!«
Still ist es. Jeder spürt, wer die Macht hat in diesem Land. Der Kaiser von Rom ist ganz nahe.
»David, Melek Israel, chai, chai we kaja – am.« Ein Lied dringt in die Herberge. Alle hören es. Spannung breitet sich aus. Jeder weiß, was dieses Lied zu bedeuten hat: »David, König von Israel, er lebe ewig!«
Zeloten nähern sich, Freiheitskämpfer. Rhythmisches Klatschen begleitet ihr Lied. Immer lauter, immer näher kommen sie.
»David, König von Isarel, er lebe ewig!« Die Tür geht auf. Die Zeloten treten ein. Sie singen: »David, Melek Israel, chai, chai we kaja – am.« Das Lied springt über zu den Pharisäern. Auch Simeon und Naemi singen mit und klatschen.
Dann sind sie still. Alle. Römer und Zeloten stehen sich gegenüber. Die Leute halten den Atem an. Die römischen Soldaten greifen zu den Waffen. Doch die Zeloten wenden sich ab. Sie nehmen keine Notiz von der Besatzungsmacht. Sie gehen auf die Gruppe der Pharisäer zu und setzen sich zu ihnen.
Ein Aufatmen geht durch die Herberge. Das ist noch einmal gut gegangen! Die Neuankömmlinge holen sich zu essen und zu trinken. Sie werden von den Wirtsleuten freundlich bedient. Simeon und Naemi atmen auf. »Das ist vorbei! Gelobt sei Gott!« Sie gehen zur Tür und wollen den Riegel vorlegen, da hören sie Kindergeschrei, Stimmen von Müttern und Vätern.
»Auch das noch«, murmelt Simeon. Es klopft. Die beiden ma-

chen auf. Vor ihnen stehen Männer und Frauen, Kinder an der Hand, ärmlich gekleidete Leute, eine ›Großfamilie!‹. Hinter sich her ziehen sie einen alten Esel. »Galiläer«, sagt Naemi zu Simeon und will sich abwenden. Einer fragt: »Habt Ihr noch Platz?« »Wir sind voll«, will Simeon sagen. Er weiß, daß das nicht stimmt. »Kann ich die Leute einfach wegschicken?«

»Nein«, sagt er zu sich und laut antwortet er: »Na, kommt schon rein. Aber seid nicht so laut. Hinten, in der Nähe des Stalles, da ist noch Platz. Versorgt Euren Esel und dann seid ruhig. Unsere Gäste wollen schlafen!«

»Auch das noch!« denkt sich Naemi, »Galiläer, ungebildetes Bauernvolk, an denen verdienen wir nicht viel. Die bringen ihr Essen und Trinken selber mit!«

Recht hat sie. Die Galiläer machen es sich in der Nähe des Stalles bequem. Sie packen ihren Proviant aus.

Nach einer Weile tritt Ruhe ein. Die Kinder sind müde. Sie sind satt und zufrieden und schlafen in den Armen ihrer Mütter ein. Nun ist sie wirklich voll, die Herberge. Es paßt niemand mehr hinein. Simeon und Naemi sind zufrieden. Der Tag hat sich für sie gelohnt.

Es pocht an der Tür. »Wer ist das denn noch? Zu so später Stunde?« Schlaftrunken geht der Wirt an die Tür. Im schwachen Schein des Feuers erkennt er einen Mann und eine Frau. Müde, abgerissen und ausgepumpt stehen sie da. Die junge Frau erwartet ein Kind. Das ist zu sehen. Hinter ihnen steht ein klappriger Esel. »Wir haben keinen Platz mehr«, will Simeon sagen, aber der Satz bleibt ihm im Halse stekken. Er sieht auf die Frau.

Der Mann sagt: »Bitte! Meine Frau bekommt ein Kind. Wir können einfach nicht weiter!« Zögernd nickt Simeon mit dem Kopf: »Kommt herein, seht zu, wo Ihr noch Platz findet!«

Schüchtern treten die beiden ein. Sie blicken sich fragend um: »Wo ist noch Platz?« Sie sehen die Kaufleute an. Die wenden sich ab. Sie blicken die Pharisäer an. Die drehen sich um. Sie mustern die römischen Soldaten. Aber die zucken

nur mit den Achseln. Sie schauen die Zeloten an, doch die mustern sie nur geringschätzig. Sie wehren ab.
Da fällt ihr Blick auf die Galiläer. Mütteraugen schauen verständnisvoll. Sie rücken zusammen. Der Mann und die Frau haben ihren Platz gefunden. Es ist Ruhe in der Herberge ›Melek David‹ in Betlehem.
Flüstern, Tuscheln – was ist los? – Simeon und Naemi werden wach gemacht: »Die Frau bekommt das Kind!« »Was? Jetzt bekommt sie das Kind?«
Die Frauen aus Galiläa wissen, was zu tun ist. Sie holen Wasser, machen es warm. Decken und Kissen, Heu und Stroh werden zurechtgelegt. Die Stunde der Geburt ist da. Ein herzzerreißender Schrei voller Qual und Schmerzen. Der angehaltene Atem wird ausgestoßen. Ein Schrei voller Leben. Das Kind ist da. Neues Leben ist geboren.
»Ein Kind ist uns geboren«, murmelt einer der Pharisäer, »der künftige König ist uns geschenkt. Man wird ihn nennen: ›Umsichtiger Herrscher, mächtiger Held, ewiger Vater, Friedefürst‹. Seine Macht wird weit reichen. Und dauerhafter Friede wird einkehren. Er wird auf dem Thron Davids regieren.«
Plötzlich bricht er ab. Er erschrickt über das, was er gesagt hat. Die alte Weissagung des Jesaja. Ob es jemand gehört hat?
Die Zeloten klatschen in die Hände und singen ihr Lied: »David, Melek Israel, David, König von Isarel, er lebe ewig!« Sie tanzen um das Kind herum und stecken mit ihrer Fröhlichkeit die anderen an.
Die Kaufleute kommen, gratulieren Vater und Mutter. Die römischen Soldaten schauen verlegen, aber doch lächelnd auf das Kind.
Die Pharisäer wünschen Eltern und Kind den »Segen Gottes«. Die galiläischen Kinder freuen sich. Das Kind ist bei ihnen geboren. Bei den Armen.

Kurt-Eugen Melchior
gegen Lukas 2,1–14

Josefs Sohn wieder daheim

Eltern 40 Tage ohne Lebenszeichen

Nazaret. Wie wir aus zuverlässiger Quelle erfuhren, ist Josefs Sohn, der seit 40 Tagen als verschollen galt, endlich zurückgekehrt. Wer hat nicht mit den Eltern in den letzten fünfeinhalb Wochen um Jesus gebangt? Wer teilt nicht jetzt ihre Erleichterung, den geliebten Sohn endlich wieder in die Arme schließen zu können? Völlig ungeklärt ist gegenwärtig noch die Frage, wo sich der Vermißte so lange aufgehalten hat und wie es ihm in dieser Zeit ergangen ist. Wie ist seine körperliche, seine geistige Verfassung? Auch nach der Ursache für sein Verschwinden wird noch geforscht. Handelt es sich um einen Entführungsfall oder um eine bloße Aussteigerlaune?

Unmittelbar nach der Rückkehr des »verlorenen Sohnes« waren wir mit unserem Reporter Arie Cohen und der Korrespondentin Sahawa Keim an Ort und Stelle, um den Hintergründen des mysteriösen Geschehens auf die Spur zu kommen. Hier ist ihr Bericht:

Nach Taufe im Jordan: Die Wüste hat ihn verschluckt

Jesus, der Sohn des hiesigen Zimmermanns Josef, ist wieder da. Vor mehr als fünf Wochen hat er urplötzlich alles stehen und liegen lassen und ist runter zum Jordanfluß. Da unten versammelt Johannes, vielfach auch bekannt als »Der Täufer«, ein Sohn des verstorbenen Jerusalemer Tempelpriesters Zacharias, Leute um sich und ruft sie zum radikalen Umdenken auf, zum »Nein ohne jedes

Ja«. Zum Zeichen ihres Sinneswandels lassen sich seine Anhänger dann im Jordanwasser untertauchen. Jesus hat sich taufen lassen.
Wie unser Reporter ermittelte, kam es bei der Begegnung zwischen Johannes und Jesus zu einer erstaunlichen Begebenheit. Wir alle wissen, wie dieser Johannes agiert. Als nun Jesus aus dem Wasser des Jordan wieder auftauchte, sagte eine Stimme vom Himmel: »Du bist mein Sohn. Ich bin bei dir. Dich habe ich erwählt. Ich spreche durch dich.« Außerdem soll der heilige Geist sichtbar auf ihn herabgekommen sein, anzusehen wie eine Taube. Zu einer genaueren Untersuchung dieser Angelegenheit kam es nicht, weil Jesus gleich darauf verschwunden war.
Gerüchte wollen wissen, daß er sich über einen Monat in der Wüste aufgehalten habe, und es zu einer bedeutungsvollen Begegnung mit dem Gegenspieler Gottes, dem Satan, gekommen sei.

Die Angehörigen: Wir kennen ihn nicht wieder!

In einem Exclusivbericht unseres Blattes mit Maria, der Mutter Jesu, erfuhren wir: »Mein Sohn ist völlig verändert. Ich verstehe das einfach nicht. Die ganze Zeit hat er treu und brav bei meinem Mann in der Werkstatt gearbeitet. Vom vierzehnten Lebensjahr an. Wir alle haben gedacht, er übernimmt einmal den Betrieb. Und nun das. Nee, nee, ...«
Jakob, ein jüngerer Bruder des »Aussteigers«, berichtete uns, Jesus sei bisher überhaupt nicht sonderlich hervorgetreten, weder in einem der örtlichen Singkreise noch bei den Stammtischen. Im Gegenteil, er habe die Öffentlichkeit geradezu gemieden. Seit kurzem, so teilten uns andere Mitbürger mit, habe man aus anderen Landesteilen, besonders aus dem Ort Kfar Nahum, erstaunliche Dinge von dem Zimmermannssohn vernommen. Er soll sich auswärts als Prediger und besonders erfolgreicher Wundertäter hervorgetan haben. Einfach unglaublich!

Der Ortsgeistliche: »Ein Gipfel der Gotteslästerung«

Zu einer Demonstration besonderer Art kam es im darauffolgenden Gottesdienst hier in Nazaret. Viele Leute waren in die Synagoge gekommen, hatte es sich doch in Windeseile herumgesprochen: Jesus ist hier!
Wie unsere Leser wissen, kann im Gottesdienst jeder erwachsene Mann aus der Schrift vorlesen und sagen, was er zu dem verlesenen Text meint. Dieses Recht hat Jesus am Sabbat in Anspruch genommen. Er hat ein Jesaja-Wort vorgelesen, das bei uns jeder Kundige als Verheißung auf den Messias hin versteht, und dann hat er die wohl kürzeste Predigt gehalten, an die sich regelmäßige Gottesdienstbesucher erinnern können. Er soll nur einen Satz gesagt haben: »Dieses Wort ist heute für euch in Erfüllung gegangen, eben jetzt, als ihr es aus meinem Mund gehört habt.«
Augenzeugen sagen aus: »Den Menschen in der Synagoge stockte der Atem. Man konnte die später so berühmte Stecknadel zu Boden fallen hören. Wollte Jesus etwa behaupten, er, der unscheinbare Zeitgenosse, sei der erwartete Messias?«
Der allseits geschätzte und verehrte Ortsgeistliche Samuel Hatikva bezeichnete die Worte des Josefs-Sohnes als »Gipfel der Frechheit« und als »Gotteslästerung«.

Sandalenmacher Ibrahim (Pharisäer): Verrat an Israel

»Jesus ben Josef – der Messias? Daß ich nicht lache!« Mit diesen Worten empfing der Sandalenmacher Ibrahim unseren Reporter, der ihn nach Jesus fragte. Ibrahim gehörte zu der religiösen Gruppe der Pharisäer und ist stolz darauf, in dieser Bewegung als ein angesehenes Mitglied zu gelten.
»So müßte der Messias sein: Ein Gerechter, der unser Volk groß macht, der dem Namen

Gottes und seinen Geboten wieder Achtung verschafft bei den Kindern Israel.
Nun sehen sie sich einmal Jesus ben Josef an. Was tut er? Er heilt am Sabbat. Damit verstößt er gegen das Feiertagsgebot. Und dann sein Umgang. Er macht sich gemein mit Leuten, die die Römer unterstützen in unserem Land. Er stellt sich nicht eindeutig auf die Seite der Kinder Israels. Sie haben doch sicher auch schon davon gehört, daß er gesagt hat: ›Gebt dem Kaiser, was des Kaisers ist.‹
Der Kaiser ist ein Römer, ein Ungläubiger! Mehr brauch' ich nicht zu sagen.«

Rasende Masse schockiert: Er entkam spurlos!

Wie an anderer Stelle unseres Blattes bereits berichtet, erregte der Josefs-Sohn durch seine Kurzpredigt die Synagogenbesucher auf heftigste.
Der Gottesdienst am letzten Sabbat endete mit einem fürchterlichen Tumult, bei dem es fast ein Todesopfer gegebenhätte. Man sollte es kaum für möglich halten: Die friedliebenden Bürger der hiesigen Gemeinde lynchten um ein Haar den Mann, der ihnen gerade das Wort Gottes ausgelegt hatte. Warum?
Auf die Frage hin, warum er denn in Kfar Nahum so große Dinge getan habe, in seiner Vaterstadt jedoch nicht, antwortete Jesus mit dem längst nicht mehr originellen Sprichwort »Ein Prophet gilt in seiner Heimatstadt nichts«! Schon diese Bemerkung rief heftiges Murren unter den Besuchern hervor. Das steigerte sich, als der Ortsrabbi Samuel den Prediger fragte: »Wagst Du zu behaupten, daß sich die Güte des Allerhöchsten von seinem erwählten Volk abkehren könnte und sich den Ungläubigen zuwendet?«
Jesus antwortete darauf nicht, jedoch wurde sein Stillschweigen als Bejahung der Frage angesehen. Daraufhin brach ein Tumult aus. »Weg mit ihm! Tötet ihn!« schrieen die Leute durcheinander.

Sie sprangen auf und trieben Jesus aus der Stadt hinaus bis an den Rand des Berges, auf dem Nazaret liegt. Dort wollten sie ihn hinunterstürzen. Er jedoch ging unbehelligt mitten durch die Menge hindurch und entkam spurlos.

Florian Sorkale
zu Lukas 4,16–30

Ein offenes Herz und leere Hände

Ein König war alt und des Regierens müde. Deshalb rief er seine Ratgeber und Ratgeberinnen zusammen, weise Männer und Frauen. »Das Gesetz will, daß mein Sohn die Regierung übernimmt. Er ist der Thronfolger. So ist es üblich«, begann der König seine Rede. »Ich aber will, daß unser Volk einen klugen König bekommt. Verständnisvoll und weise. Er soll sein Amt nicht für sich benutzen, für seine Macht und seine Herrschaft, sondern er soll unserem Volk Frieden bringen und Wohlergehen. Er soll Vorbild sein für die Leute und Wegweiser.
Jedoch: Es ist mein Sohn. Aber wie kann ein Vater seinem Sohn gegenüber unbefangen sein? Ich brauche euch. – Ihr sollt herausfinden, ob er der richtige Mann für unser Volk ist.«
Die weisen Frauen und Männer nickten. »Eine kluge Entscheidung«, fanden sie. »Eine gute Sache!« – Sie zogen sich zur Beratung zurück. Sie überlegten: Wie können wir den Königssohn auf die Probe stellen?

Am nächsten Morgen ließen sie den Königssohn zu sich kommen. »Wir freuen uns, daß du da bist«, begrüßte ihn eine der Weisen. »Der König ist alt. Du wirst das Erbe deines Vaters antreten. Du sollst unser König sein. Wir wollen dir alles schenken, was du zu deiner Herrschaft brauchst.«
Einer trat vor und sagte: »Ich schenke dir grenzenloses Wissen. Du wirst Naturgesetze durchschauen, Zusammenhänge erkennen und ganz neue Lebens-Techniken entwickeln kön-

nen. Kein Bereich der Natur wird dir verschlossen bleiben. Es gibt nichts, was du nicht erforschen oder in Gang setzen kannst. Wissen ist Macht! Mit deinem Wissen kannst du alle Menschen beherrschen.«

Der Königssohn verbeugte sich und sprach: »Ich danke euch für dieses Geschenk. Aber bitte, gebt mir etwas Zeit. Ich muß darüber nachdenken. Ich werde euer Angebot in meinem Herzen bewegen.«

Der weise Mann stimmte zu: »Bis morgen früh. Da treffen wir uns wieder hier.«

Am nächsten Morgen trat der Königssohn vor die Ratgeber. Seine ersten Worte waren: »Ich will dieses Geschenk nicht haben!« Dann erklärte er: »Es ist verlockend, alles erkennen zu können, alles zu durchschauen und zu wissen: ›Alles ist machbar!‹

Ich habe mich umgesehen in der Welt: Die Menschen können zum Mond fliegen, zu Planeten, die hunderttausende von Lichtjahren entfernt sind. Sie können die Arbeit von Menschen durch Maschinen ersetzen, Computer denken lassen. Sie können den kleinsten Atomkern spalten. Sie können Gene verändern, Eizellen befruchten – außerhalb des Mutterleibes – und Leben künstlich hervorbringen. Und? Was ist mit der Verantwortung?! Wo bleibt das Herz? Wem gegenüber fühlen sie sich verantwortlich? Dem Menschen, der Natur? Sich selbst? Der Zukunft? Ihren eigenen Kindern? Soll denn alles machbar sein, was machbar ist?!

Nein, weiser Mann, mit Wissen und Erkenntnis allein kann man kein Volk der Welt regieren. Das Herz fehlt. So will ich nicht König sein. Ich will dein Geschenk nicht haben! Ich weise es zurück.«

Nach einer Weile trat ein anderer Weiser vor und sagte: »Ich schenke dir alle Güter dieser Welt. Es soll dir an nichts mangeln. Alles, was dein Herz begehrt, sollst du haben. Du sollst reich sein, unermeßlich reich.«

Der Königssohn verbeugte sich und sprach: »Ich danke euch für dieses Geschenk. Aber bitte, gebt mir etwas Zeit. Ich muß darüber nachdenken. Ich werde euer Angebot in meinem Herzen bewegen!«

Der weise Mann stimmte zu: »Das ist gut so! Bis morgen früh! Da treffen wir uns wieder hier.«

Am nächsten Morgen trat der Königssohn vor die Ratgeber. Seine ersten Worte waren: »Ich will dieses Geschenk nicht haben!« Dann erklärte er: »Ich habe mich umgesehen in der Welt. Ich habe Menschen gesehen, die können sich all ihre Wünsche erfüllen. Sie essen gut. Sie trinken gut. Sie kleiden sich mit kostbaren Gewändern. Sie tragen ausgewählten Schmuck. Sie genießen die Annehmlichkeiten des Lebens in vollen Zügen. Sie haben einfach alles. Das ist ihr Leben: Wohlstand, Besitz, Reichtum in Hülle und Fülle.

Auf der anderen Seite: Dreiviertel aller Menschen leben am Rande des Hungers und des Todes. Sie haben nicht einmal das Nötigste. Sie sterben bei lebendigem Leibe, weil sie nichts zu essen haben. Kein Wasser, keine Kleidung, keine Arbeit. Sie bekommen einfach nichts ab von den Reichtümern dieser Welt. Es ist nichts mehr da für sie. Nichts mehr übrig. Die Reichen sehen das nicht. Der Wohlstand, das Streben nach materiellen Gütern hat etwas in ihnen zugeschüttet. Sie sehen die Sorgen, die Angst und den Kummer der anderen einfach nicht. Sie sehen nur noch sich selbst und ihre eigenen Sorgen.

Ich weiß jetzt, Reichtümer würden mich dem Menschen gegenüber verschließen. Ich aber will offen sein für alles, was die Menschen bewegt. Ich will Zeit haben für sie, will sie verstehen und mit ihnen zusammen leben. Dafür brauche ich leere Hände. Wenn meine Hände den Reichtum festhalten müssen, können sie sich nicht für den Menschen öffnen. Deswegen: Behalte dein Geschenk. Ich will es nicht haben.«

Stille war im Raum, als der Königssohn geendet hatte.

Nach einer Weile erhob sich eine der weisen Frauen. Sie sagte: »Ich schenke dir alle Macht, im Himmel und auf Erden. Du sollst der größte Führer aller Zeiten sein. Das Volk wird dich anbeten und dir in allen Dingen folgen. Du hast sie alle in der Hand. Dein Wille ist ihr Wille, deine Worte sind ihre Worte, deine Gedanken sind ihre Gedanken. Du bist ihr Gott. Deine Macht ist unerschütterlich, ohne Ende.«

Wieder verbeugte sich der Königssohn und sagte: »Ich danke euch für dieses Geschenk. Bitte gebt mir etwas Zeit. Ich muß darüber nachdenken. Ich werde dieses Angebot in meinem Herzen bewegen.«

Die Weise nickte: »Das ist gut! Bis morgen früh! Dann treffen wir uns wieder hier.«

Am nächsten Morgen trat der Königssohn vor die Weisen. Seine ersten Worte waren: »Ich will dieses Geschenk nicht haben. Ich habe hart mit mir gerungen; denn Macht ist etwas sehr Verführerisches.« Dann erklärte er: »Ich habe mich in der Welt umgesehen. Ich habe mir die Großen dieser Welt betrachtet. Ich habe mich unter die kleinen Leute gemischt. Ich habe gesehen, wie Menschen versuchen, anderen ihren Willen aufzuzwingen, kaum wahrnehmbar, aber ungeheuer zerstörerisch. Einer versucht, den anderen von sich abhängig zu machen. Eine andere setzt sich durch mit den Worten ›Ich will ja nur Dein Bestes‹. Diese Züge fand ich bei fast allen Menschen, bei Kindern und Jugendlichen, in Klassen und Gruppen, bei Erwachsenen jeden Alters – überall. Fast habe ich den Eindruck, daß es zum Menschsein gehört, andere von sich abhängig zu machen.

Aber ich will das nicht! Nein! So will ich nicht König sein. Frei und selbständig sollen sich die Menschen entwickeln. Sie sollen Persönlichkeiten werden, die es nicht nötig haben, Macht über andere auszuüben. Dahin will ich sie führen. Indessen: Wie geht das? Brauche ich nicht dazu gerade dein Geschenk, du weise Frau? Wäre es nicht eine wunderbare Möglichkeit, meine Vorstellungen von Menschsein, Liebe und Frieden in

dieser Welt durchzusetzen? Könnte ich nicht auf diese Weise sehr viel Gutes in die Welt bringen?
Siehst du, genau das ist das Verführerische an diesem Geschenk. Du kannst es mit dem Satz verbinden ›Ich will doch nur Euer Bestes!‹ Und schon hat Macht ein freundliches Gesicht. Auf diese Weise würde ich genauso Macht ausüben, abhängig machen, wie andere Ver-Führer. Ich wäre nicht viel besser als sie. Ich aber will König sein in einem Land, in dem so viel Freiheit herrscht, daß jeder Mensch selbst erkennen kann, was das Beste für ihn ist.
Nein! Ich will dein Geschenk nicht! Hier hast du es zurück.«
Der Königssohn legte das Geschenk in die Hände der weisen Frau.

Nun erhob sich der Älteste von allen Weisen: »Lieber Königssohn«, sagte er, »drei Geschenke von uns hast du abgelehnt. Was sollen wir dir noch anbieten, damit du ein guter König für unser Volk bist?«
Eine Weile dachte der Königssohn nach. Dann sagte er: »Um ein guter König zu sein, ein König, wie Gott ihn gedacht hat, brauche ich unendliche Liebe, viel Geduld, ein großes Herz und leere Hände. Das alles aber kann ich nur mit Gottes Hilfe gewinnen. Er allein kann mir helfen, all den Versuchungen, die in meinem Amt liegen, zu widerstehen. Er allein kann mich Mensch werden lassen. So will ich auch ihm vertrauen und mich durch seine Worte leiten lassen.«
Da standen die Weisen auf. Sie klatschten in die Hände und riefen den alten König herbei. Sie erzählten ihm alles. Der alte König nahm seinen Sohn in die Arme und sagte: »Komm her mein Sohn. Du sollst das Reich ererben. Ich habe es dir von Anfang an zugedacht. Meinen Segen hast du.«

Ute Melchior-Giovannini
angeregt durch Matthäus 4,1–11.

»Menschenfischer, was ist denn das?«

»Heute sind die Fischer aber spät«, ruft Ruth zu Andreas. »Hm«, Andreas läßt nur ein zustimmendes Brummen hören. Mißmutig wirft er einen flachen Stein auf das Wasser. Doch heute klappt auch gar nichts, der Stein geht gleich unter. »Vielleicht haben sie heute wieder nichts gefangen«, versucht Ruth das Gespräch wieder aufzunehmen. »Wäre ja ganz schöner Mist«, nickt Andreas. Wie an jedem Mittag warten die beiden Kinder auch heute auf ihre Väter. Schon früh am Morgen, es war noch dunkel, waren diese mit den anderen Männern des Dorfes hinaus auf den See Gennesaret gefahren, um Fische zu fangen. Jetzt spielen die Kinder schon eine ganze Weile am Ufer des Sees, doch kein Segel zeigt sich am Horizont. »Bald gibt es Mittagessen«, sagt Ruth, »hoffentlich sind sie bis dahin zurück.« »Bestimmt, ich habe schon mächtigen Hunger«, antwortet Andreas, den sie im Dorf den ›kleinen Andreas‹ nennen, und streicht sich über seinen Bauch. Brummelnd kickt er ein Stück Holz ins Wasser. Fast wäre seine Sandale hinterhergeflogen. Die Zeit vergeht heute aber auch zu langsam.

»Da, sieh mal, ich glaube, sie kommen!« Ruth steht auf und klopft sich den Sand von den Kleidern. Andreas blickt angestrengt in die Richtung, in die Ruth zeigt. Ganz in der Ferne des Sees tauchen, noch ganz klein, die Segel der Fischerboote auf. »Ja, du hast recht. – Komm, laß uns ins Dorf laufen und den anderen Bescheid geben.« Die beiden Kinder eilen zur Straße, die in das Dorf führt. Sie haben die ersten Häuser noch nicht erreicht, als Andreas stehenbleibt. »Du, was ist denn hier los?« Ruth weiß auch keine Antwort auf Andreas' Frage.

Das gewohnte Bild der Hauptstraße ist verändert. Die Menschen gehen nicht wie sonst ihren geschäftigen Tätigkeiten nach, sondern viele Leute stehen auf der Hauptstraße zusammen, Erwachsene und Kinder.
Als Ruth und Andreas sich wieder in Bewegung setzen und näher kommen, sehen sie, daß die Dorfbewohner einen Fremden umringen. »Kennst du den?« Andreas blickt seine Freundin fragend an. Ruth schüttelt den Kopf. An dem Fremden ist nichts besonderes zu sehen. Aber alle sehen zu ihm hin, und sie hören ihm zu. »Die Fischer«, ruft Andreas, als sie die ersten Leute erreicht haben. Er will ihnen sagen, daß die Boote bald zurück sein werden. »Still, Junge«, fährt ihn Nathanael, der dicke Kaufmann, sogleich an. »Blödmann«, denkt Andreas und faßt Ruth bei der Hand. Sie beginnen, sich durch die Menge zu drängeln, um ihre Mütter zu suchen. Andreas entdeckt sie zuerst. »Da vorne, auf dem Stein«, zischt er Ruth zu. Es ist gar nicht so einfach, zu ihnen durchzukommen. Aber dann haben die Kinder sie erreicht. Einen Moment hört Andreas dem Fremden zu, aber sosehr er sich auch bemüht, er versteht nicht so recht, worum es geht. Er zieht seine Mutter am Ärmel und flüstert ihr zu: »Wer ist denn das?« Seine Mutter sieht ihn mit großen Augen an. Andreas denkt: »Sie sieht mich ja gar nicht«, aber dann beugt sie sich doch herab und antwortet ebenso leise: »Das ist Jesus, ein Mann aus Nazareth. Er erzählt uns von Gott.« »Aber das ist doch nichts Neues!« wirft Ruth ein, »meine Eltern erzählen mir doch auch von Gott.« »Genau«, sagt Andreas. »Warum hören ihm dann aber alle zu?« Ruths Mutter antwortet den Kindern: »Es ist schon etwas Neues, was dieser Jesus da erzählt. Er redet davon, daß Gott seine Herrschaft errichtet.« Jetzt wird es auch für Andreas spannend. »Wieso, sind die Römer weg?« fragt er begierig. »Nein, leider nicht.« Seine Mutter lächelt. »Sie sind noch immer die Herren im Land. Ich habe das so verstanden, daß Gott die Herzen der Menschen bewegen will. Das ist seine Art zu regieren.« – »Ja, und er hat alle Menschen lieb und will auf gar

keinen Fall die Menschen bestrafen, wie es unsere Gesetzeslehrer immer wieder sagen. Das ist schon etwas Neues«, ergänzt Ruths Mutter.
Andreas schüttelt den Kopf. So ganz hat er immer noch nicht begriffen, warum die Erwachsenen an diesem Jesus so großes Interesse haben. Er besinnt sich darauf, warum Ruth und er hierhergekommen sind. »Die Fischer kommen zurück«, sagt er laut. »Sei still, Andreas, wir wollen weiter zuhören«, weist ihn die Mutter zurecht.
Aber der Fremde hat Andreas' Worte gehört. Er sieht Andreas an, nickt ihm zu und sagt: »Wenn die Fischer kommen, dann wollen wir ihnen entgegengehen.« Er dreht sich um. Die Leute machen bereitwillig Platz, und mit dem Fremden an der Spitze gehen die Dorfbewohner zum See. Andreas, stolz und verlegen zugleich, daß seine Worte das bewirkt haben, stößt Ruth an. »Netter Kerl, was? Ich glaube, den mag ich.« Ruth nickt. »Nicht so unfreundlich wie die anderen Erwachsenen oft«, sagt sie. Gemeinsam schließen sie sich der Menschenmenge an. Dabei versuchen sie, in die Nähe des Fremden zu gelangen, um ja alles mitzubekommen. Ruth überlegt einen Augenblick und meint dann zu Andreas: »Der redet nicht nur vom lieben Gott, der ist auch selbst lieb zu den Menschen.« Andreas nickt.
Als die Dorfbewohner das Seeufer erreichen, brauchen sie nicht mehr lange auf die Boote zu warten. Langsam segelt eines nach dem anderen auf das Ufer zu. Daniel und Micha, die Väter von Andreas und Ruth, und die anderen Fischer des Dorfes holen die Segel ein, springen ins knietiefe Wasser, schieben und ziehen die Boote an das Ufer. Rufe gehen währenddessen hin und her. Die Fischer heben den Fang aus den Booten und beginnen, die Netze zum Trocknen auszuhängen. Da geht Jesus auf ein Boot zu. Es ist das von Petrus und Andreas, dem ›großen Andreas‹, versteht sich. Die Leute sehen sich erstaunt an. Petrus und Andreas lassen ihr Netz los, richten sich auf, blicken den Fremden fragend an. »Ich will euch zu Menschenfischern machen. Folgt mir auf meinem Weg

durch Galiläa!« sagt Jesus so laut, daß es alle hören können. »Menschenfischer, was ist denn das?« fragt Ruth ihre Mutter neben sich. »Pst, sei still, Ruth, du mußt nicht immer soviel fragen!« antwortet diese. Aber auch jetzt hat Jesus die Worte des Kindes gehört. Er dreht sich um und sagt freundlich zu Ruths Mutter: »Laß sie doch ruhig fragen, was sie nicht versteht, nur so lernt sie die Menschen und Gott kennen.« Lächelnd sagt er dann zu Ruht: »Weißt du, ich möchte vielen Menschen von Gott erzählen. Sie sollen verstehen, daß Gott die Menschen liebhat. Bis jetzt bin ich aber allein, und das ist schlecht. Ich brauche andere, die mit mir gehen und mir helfen. Das habe ich Petrus und Andreas gesagt. Nun habe ich Freunde, die zu mir gehören wollen. Zusammen können wir doch viel besser den Menschen sagen, daß Gott sie gerne hat. Verstehst du das?« Oh ja, das kann Ruth gut verstehen. Aber nun ist sie ganz verlegen, weil Jesus so ernsthaft mit ihr gesprochen hat, und sie bekommt kein Wort heraus. Da hilft ihr Andreas: »Klar, das ist wie mit Ruth und mir. Wir beide machen auch alles zusammen und helfen uns gegenseitig!« Da lachen die Erwachsenen ringsherum, und auch Jesus lacht.
In diesem Augenblick hören sie Petrus rufen: »Du, Jesus, wo bist du? Wie geht es denn jetzt weiter?« – »Es ist schon weitergegangen«, antwortet Jesus. »Wartet, ich komme.«

Dietmar Gerts/ Ute Melchior-Giovannini
nach Markus 1,16–20

Der Gefangene von Machärus

Stell dir vor, du stehst auf einem Berg, von dem aus du nach allen Seiten weit in das Land sehen kannst. Dein Blick findet in drei Himmelsrichtungen eine karge und unbewaldete Hügellandschaft. Wenn du jedoch nach Westen schaust, fallen die Hügel ab. Du siehst in wenigen Kilometern Entfernung ein Gewässer, das Tote Meer. Besonders eindrucksvoll an dem Bild, das sich dir bietet, sind die zahlreichen Farbtöne: Mit einer Mischung aus Grau, Rot und Violett hat die Natur dieser Gegend ihr eigenes Gepräge gegeben. Das Schauspiel kann aber nicht darüber hinwegtäuschen, daß die Landschaft bedrückend unwirtlich ist, wüst, menschenleer. Ein wenig entfernt von deinem Standpunkt findest du die Ruine einer Burg. Sie trug den Namen »Machärus«. Die Festung ist um die Zeitenwende errichtet worden, mit allem, was zum Leben notwendig war: mit Wohn-, Vorrats- und Lagerräumen und vor allem mit Trinkwasser-Brunnen. Wer Machärus bauen ließ, muß Angst davor gehabt haben, daß Feinde des Landes den Umweg über eine riesige Steinwüste nicht scheuen. Machärus sollte das Land vor überraschenden Angriffen aus Südosten bewahren.

Die Burg ist aber offensichtlich auch als Verbannungsort, als Gefängnis für politisch unliebsame Leute benutzt worden. In einer Mauerspalte, gut versteckt, fanden sich ein Bündel Aufzeichnungen. Nach heutigen Maßstäben haben sie die Form eines »Tagebuches«. Ein Mann namens Johannes hat es geführt. Dieser Johannes muß mehrere Monate in der Festung gefangen gehalten worden sein. Leider sind große Teile der Aufzeichnungen regelrecht »zerbröselt«, bevor der Fund fachkundigen Archäologen zugeleitet wurde. Was erhalten geblieben ist, vermittelt uns ein interessantes Bild des »Gefangenen von Machärus«.

... sei Gott! Hiram und Alphäus sind gekommen und ich durfte ungestört mit ihnen reden. Welch ein Lichtblick nach all den Monaten. Endlich wieder Nachrichten von den Unseren. Endlich wieder teilnehmen können an dem, was »draußen« passiert. Danke, meine Freunde, daß ihr den weiten und beschwerlichen Weg nicht gescheut habt!

J. v. N. macht weiter! Nach meiner Verhaftung hat er klugerweise seinen Standort gewechselt. Inzwischen hat er selbst Anhänger gesammelt, zieht von Ort zu Ort und predigt, »daß die Zeit erfüllt und das Reich Gottes nahe herbeigekommen sei«, wie Alphäus berichtet. Er ruft die Menschen zur Umkehr auf. Nicht anders, als ich es getan habe. Möge Gott ihn und sein Wort segnen!

»Gottes Reich ist nahe herbeigekommen« reicht aber nicht. Anbrechen muß es! Und möglichst bald! Israel muß wieder frei werden! Gottes Volk darf nicht länger Ungläubigen gehorchen müssen, die einen Menschen als Gott verehren. Zu gern hätte ich gewußt, ob J. v. N. wirklich der ›Gesalbte Gottes‹, der ›Christus‹ ist. Eine eindeutige Antwort konnten mir meine Freunde auf meine Frage auch nicht geben. »Es wird allerlei gemunkelt«, sagt Hiram. J. v. N. selbst hält sich mit solchen Bezeichnungen zurück. Verständlich! Aber es gebe eine ganze Reihe Menschen, auch welche von unseren Leuten, die ihn für den ›Christus‹ halten. Ist er es?

*3. Nisan.** Alphäus und Hiram sind wieder fortgegangen. Sie hätten, wie uns der Hauptmann versicherte, noch länger bleiben können. Ich aber habe sie weggeschickt: Sie sollen J. v. N. direkt fragen und mir berichten. Ich muß es wissen! Fatal, wenn ich mich geirrt habe! Wenn ich auf eine falsche Karte gesetzt habe!

4. Nisan. Meine geliebten Eltern – Gott sei ihnen gnädig! – haben mir oft die Umstände meiner Geburt erzählt: Beide sind lange kinderlos gewesen und haben aufgrund ihres hohen Alters nicht mehr mit einer Schwangerschaft gerechnet. Während seines Dienstes als Priester im Tempel hat mein Vater dann aber eines Tages eine Vision gehabt: Elisabeth, seine Frau, werde einem Jungen das Leben schenken. Er solle ihn Johannes nennen. Erwachsen, solle sein Sohn Gottes Bote werden, die Herzen der Menschen zur Umkehr bewegen und dem ›Christus‹ den Weg bereiten. – Mein Vater hat seinen Augen und Ohren nicht getraut. Dieses Erlebnis hat ihn aber innerlich so bewegt, daß er monatelang nicht mehr sprechen konnte. Er konnte sich nur mit Handzeichen verständlich machen. Erst beim ersten Besuch meiner Eltern mit mir im Hause Gottes, acht Tage war ich alt, löste sich seine Zunge wieder. Mein Vater schrieb, als meine Verwandten mir einen anderen Namen geben wollten, auf eine Tafel: »Das Kind heißt Johannes.« Von dem Moment an konnte er wieder reden. Seine ersten Worte galten mir – und bestimmten mein Leben:

> Du, mein Sohn, wirst ein Prophet des Höchsten sein.
> Du wirst dem Herrn vorausgehen,
> um ihm den Weg zu ebnen
> und seinem Volk zu verkündigen,
> daß Gott es retten und ihm seine Schuld vergeben will.
> Unser Gott ist voll Liebe,

* Monatsname, entspricht Mitte März bis Mitte April

er schickt uns das Licht, das von oben kommt.
Es wird für alle leuchten,
die in Finsternis und im dunklen Land des Todes leben,
und wird uns auf den Weg des Friedens führen.

Je öfter ich diese Worte von meinen Eltern hörte, desto deutlicher hatte ich das Gefühl, daß Gott einen viel zu großen Mantel für mich bereithält. Mein Vater sagte dann, wenn ich meine Zweifel äußerte: »Du wächst hinein! Versuche wenigstens, den Mantel auszufüllen! Gott und uns zuliebe!« So bin ich gehorsam gewesen – Gott ist mein Zeuge! Ich habe versucht, die Aufgabe, die mir gestellt worden ist, zu lösen. Alles nutzlos???

5. Nisan. »Ich preise dich, Herr! Denn dein Auge hat schützend gestanden über meiner Seele.« – Zu beten gelernt habe ich diesen Satz bei ›der Gemeinschaft‹ in der Wüste. Und ich habe ihn von ganzem Herzen gesprochen, tue es noch. Als ich siebzehn war, starben beide Eltern kurz hintereinander. Unsagbar, meine Verzweiflung, meine Ratlosigkeit! Wochenlang grübelte ich vor mich hin. Da begann ein Freund meines Vaters sich um mich zu kümmern und führte mich in ›die Gemeinschaft‹ ein. Ich verdanke den Schwestern und Brüdern viel. Die Regelmäßigkeit des Tagesablaufes mit Gottesdiensten, Arbeit, rituellen Waschungen und Mahlzeiten half mir, mein persönliches Schicksal in einem anderen Licht zu sehen. Die Auseinandersetzung mit ihren Lehrern brachte mir endgültige Klarheit über das, was ich tun und verkündigen wollte. Gleich mir erhoffen sie den Anbruch einer neuen, von Gott bestimmten Herrschaft in unserem Land, eingeleitet durch den ›Christus‹. Auch teile ich ihre Auffassung, daß Gottes Reich mit der Umkehr des menschlichen Herzens beginnt. Nicht mittragen kann ich aber ihr Bewußtsein, daß nur sie die Ausgewählten sind, die im Reiche Gottes eine besondere Rolle spielen! Wenn Gott seine Herrschaft errichtet, sind alle eingeladen! Die Taufe zur Vergebung der Sünden können alle empfangen, die dazu bereit sind! Dieses habe ich begonnen zu predigen, dort unten am Jordan, nachdem ich ›die Gemeinschaft‹ verlassen hatte.

6. Nisan. »Ändert euren Sinn; unterlaßt es, Unrecht zu tun; bereitet dem ›Christus‹ den Weg!« – Obwohl ich nicht gerade zimperlich war in meinen Predigten und Roß und Reiter bei Namen nannte, war der Zulauf groß. Viele ließen sich taufen. Etliche Freunde gewann ich, die bei mir blieben. Aber welche Überraschung, als *er* eines Tages vor mir stand und von *mir* getauft werden wollte. Ich wehrte ab: »Ich müßte von dir getauft werden!« J. v. N. aber bestand darauf. So taufte ich ihn. Ein unvergeßlicher Augenblick! Es war, als ob sich der Himmel öffnete und Gott unser Handeln bestätigen wolle: »Du bist mein lieber Sohn, an dir habe ich Wohlgefallen!« Damals war es mir klar: J. v. N. ist der ›Christus‹! – Viele Monate sind aber seitdem ins Land gegangen und nichts ist passiert. Gottes Reich steht immer noch aus! Ist J. v. N. wirklich der ›Christus‹???

20. Nisan. Lange habe ich nichts geschrieben. Dieses Warten! Je länger es dauert, desto schwerer fällt es mir. Die Gedanken kreisen immer wieder um diesselbe Frage ...
Heute hat der Fürst wieder einmal das Gespräch mit mir gesucht. Es ist schon eine merkwürdige Situation: Nachdem ich ihm öffentlich sein Unrecht vorgehalten habe – auch ein Herodes Antipas kann nicht einfach dem eigenen Bruder die Frau wegnehmen – läßt er mich gefangen setzen. Aus Angst vor Unruhen und Aufständen wurde ich hier herauf gebracht. Aber der Fürst selbst kommt mehr oder weniger regelmäßig her, um meine Botschaft zu hören und sich mit mir zu unterhalten. Welch beschwerliche Reise er jedesmal auf sich nimmt!
Heute hatte er ein ganzes Bündel von Fragen: Wann er denn komme, der ›Christus‹. Und was passiere dann mit denen, die Israel regierten, dem Kaiser des römischen Imperiums und den von ihm eingesetzten Fürsten, also auch ihm. Ob sein

Unrecht denn wirklich so groß sei, daß sein Teil die Verdammnis sei. – Nur auf die letzte Frage bin ich ihm eine eindeutige Antwort nicht schuldig geblieben – obwohl, deswegen wird er nicht von der Herodias lassen! Dessen bin ich sicher! Zu groß ist der Einfluß dieser Frau. – Im übrigen ... ich bin selbst ratlos!

27. Nisan. Besuch von Alphäus und Hiram. Gott sei gelobt und bedankt! Sie haben J. v. N., begleitet von etlichen Frauen und Männern, im Galiläischen aufgefunden, berichten sie. J. v. N. predigt und tut viel Gutes an den Menschen wie eh und je. Auch seine Freunde sind tätig. Offensichtlich taufen sie aber nicht, wie wir es taten. A. und H. sind zu ihm vorgedrungen und haben ihm meine Frage vorgelegt: »Bist du es, den uns die Propheten angekündigt haben, oder sollen wir auf einen anderen warten?« Daraufhat ihnen J. v. N. geantwortet:

»Gehet hin und verkündigt Johannes,
was ihr gesehen und gehört habt:
Blinde sehen, Lahme gehen, Aussätzige werden rein,
Taube hören, Tote stehen auf,
Armen wird das Evangelium gepredigt;
und selig ist, der nicht an mir zweifelt.«

J. v. N. hat sich danach wieder allen Zuhörern zugewandt. A. und H. sind sogleich aufgebrochen, um mir die Nachricht zu überbringen.
J. v. N.s Antwort bringt Licht in das Dunkel meiner Fragen. Aber erschöpft sich Gottes Reich darin, daß einigen Menschen das Heil geschenkt und sie glücklicher
Haben die Propheten nicht mehr
Nein, die Zweifel sind nicht
Fragen geblie
dennoch
Gott

So enden die uns erhaltenen Aufzeichnungen. Aus anderen Berichten wissen wir, daß Herodes Antipas den »Gefangenen von Machärus« auf Drängen seiner Frau auf grausame Art und Weise hinrichten ließ.

Dietmar Gerts
nach Lukas 7,18–23 u. a. m.

»Leg deine Angst in meine Hände!«

Ich bin Maria aus Magdala,
einem kleinen Ort am See Gennesaret.
Ich bin jetzt eine gesunde, fröhliche, tatkräftige Frau,
aber früher ...?

Früher, vor ungefähr 10 Jahren,
da war ich krank, sehr krank.
Ich hatte eine unheimliche Angst.
Mein Mann war gestorben,
Kinder habe ich keine,
ich war sehr allein.
Die gemeinsamen Freunde
hatten sich von mir zurückgezogen.
Eine alleinstehende Frau?
Wer will schon damit etwas zu tun haben?
Ich hatte Angst davor,
daß mich die Vergangenheit einholt,
Erinnerungen, die ich verdrängt hatte.
Was war Sinn und Inhalt meines Lebens?
Ich wußte es nicht,
eine Aufgabe hatte ich nicht mehr.
Alles war leer in mir.
Geld besaß ich im Überfluß,
mein Mann hatte gut für mich gesorgt,
aber was sollte ich damit anfangen?
Es hatte alles keinen Sinn.
Ich befand mich in einer Sackgasse.
Wie sollte ich da wieder hinaus?
Alles in meinem Kopf war durcheinander.
Manchmal saß ich tage- und nächtelang
auf dem Fußboden in meiner Hütte,
starrte vor mich hin,

aß nichts, trank nichts, nahm nichts wahr.
Dann sagten die Leute:
»Die Maria ist verrückt.
Sie ist nicht ganz richtig im Kopf.
Ihr ist wohl nicht mehr zu helfen.«
Manchmal mußte ich meine Angst herausschreien,
laut herausschreien.
Ich kann nicht mehr!
Ich werde wahnsinnig!
Hört mich denn keiner?
Seid ihr alle taub?
Ich bin doch so allein!
Ich kann nicht mehr!!!!
Dann bekamen die Leute Furcht vor mir.
Sie sagten: »Da schreit sie wieder, die Maria.
Sie ist von bösen Geistern besessen.
Hoffentlich ist es irgendwann einmal zu Ende mit ihr.«

So ging es eine lange Zeit.
Die Einsamkeit erdrückte mich,
schnürte mir den Atem ab.
Ich war wie ein gefangenes Tier.

Eines Tages war es wieder soweit:
Die Angst war übermächtig,
sie packte mich,
mein Kopf dröhnte,
ich konnte kaum noch atmen.
Da schrie ich wieder,
schrie, so laut ich konnte.
Die Angst sollte heraus, weg von mir!
Aber sie wurde nur noch größer.
Ich schrie und schrie –
Plötzlich stand ein Mann in meiner Hütte.
Ich schrie noch lauter –
Was wollte er von mir, dieser Mann!
Er sollte weg,

weg aus meinem Haus.
Doch der Mann blieb in dem Zimmer.
Er kam langsam auf mich zu und sah mich an.
»Geh weg«, schrie ich, »was willst du von mir?«
Der Mann aber nahm mich bei der Hand,
er streichelte mir über den Kopf und sagte:
»Maria, schrei noch einmal alles heraus aus dir,
schrei ganz laut,
sag, was dir Angst macht!«

Und ich schrie,
schrie diesen Mann an,
der in mein Haus gekommen war,
schrie und schrie,
da hörte ich ihn leise sagen:
»Maria –
Maria, gib mir deine Angst!
Leg deine Angst in meine Hände.«

Ich starrte ihn an – was war das?
Wer sprach so mit mir,
mit mir, der besessenen Maria?
Der Mann schrie nicht, er schimpfte nicht –
nein,
warm und liebevoll war diese Stimme.
Wann hatte ein Mensch zuletzt so mit mir gesprochen?

Ich starrte ihn an – traute ihm nicht.
Ich wollte zurückweichen an die Wand,
doch der Mann ließ mich nicht los.
»Maria«, sagte er,
»Maria, gib mir deine Angst.
Überlaß mir dein Schreien, dein Klagen.«
Und auf einmal, ich kann es kaum beschreiben,
auf einmal merkte ich,
wie die Angst aus meinem Körper wich,
ich merkte,

wie der Kopf frei wurde,
ich konnte wieder atmen,
ich konnte wieder denken und fühlen.
Ich war wieder ein Mensch.

Ich fragte: »Wer bist du?«
Er sagte: »Ich bin Jesus von Nazaret.
Mit meinen Freunden wandere ich durch Galiläa.
Wir erzählen den Menschen von Gottes Liebe.
Heute kamen wir durch Magdala.
Da hörte ich dein Schreien.«
Aufmerksam sah ich mir den Mann an.
Jesus von Nazaret, ein Wanderprediger des Wortes Gottes,
einer, der Menschen wir mir hilft.
Auf einmal wußte ich, was ich tun sollte.

»Kann ich mit dir gehen?« fragte ich ihn.
Mir war klar geworden:
Von diesem Mann wollte ich mehr wissen,
ihn genauer kennenlernen.
»Nimmst du wohl auch Frauen mit?« –
Mein Herz klopfte, als ich diese Frage stellte.
Frauen gehören bei uns ins Haus
und nicht in eine Männergesellschaft,
die durch das Land zieht.
Atemlos wartete ich auf seine Antwort.

Jesus sah mich lange an, dann sagte er:
»Warum eigentlich nicht?
Ja, du kannst mit mir kommen.
Meine Freunde werden sich schon an dich gewöhnen.«

Seine Worte lösten eine große Freude in mir aus,
eine Freude,
wie ich sie schon viele Jahre nicht mehr erlebt hatte.
Schnell packte ich das Nötigste zusammen.
Alles Geld, das ich hatte, steckte ich in einen Beutel.
Dann trat ich mit Jesus aus dem Haus hinaus.

Die Leute aus Magdala starrten mich mit großen Augen an.
Ich sah, wie sie miteinander tuschelten
und mit Fingern auf mich zeigten.
»Was macht die Maria denn jetzt?« hörte ich sie flüstern.
»Sie hat ein Bündel in der Hand.
Will die Verrückte mit diesen Männern mitgehen?«

Auch die Freunde von Jesus sahen mich skeptisch an.
Einer fragte: »Willst du diese Frau etwa mitnehmen?«
Jesus nickte: »Ja, sie wird mitkommen.
Warum sollen es nur Männer sein, die mich begleiten?«
»Frauen gehören ins Haus!« rief ein anderer zornig.
»Laß sie doch«, antwortete ihm Jesus,
»sie will mehr von Gott erfahren,
von seiner Liebe zu den Menschen – genau wie du,
genau wie du und die anderen.
Warum also sollte sie zurückbleiben?
Auch sie ist Gottes Kind,
genau wie du und die anderen.«
Murrend fügten sich die Männer seinen Worten.

Wir gingen weg aus Magdala,
weg aus diesem Dorf,
in dem ich so allein und angstbesessen war.

Fast zwei Jahre lang habe ich Jesus noch begleiten können.
Viele Männer und auch andere Frauen schlossen sich uns an.
Mein Geld konnten wir gut brauchen,
wir konnten davon essen und trinken
und waren unabhängig.
Unabhängig vor allem von den Menschen,
die Jesus ablehnten
und sich gegen ihn stellten.
Dann kamen wir nach Jerusalem
und Jesus wurde verhaftet.
Er wurde angeklagt und verurteilt.
Schwer mußte er tragen

an der Ablehnung,
am Spott,
an der Beschimpfung.

Als er elendig und wie der gemeinste Verbrecher
am Kreuz hing,
war er ganz allein.
Seine Freunde waren weggelaufen.
Hielten sich versteckt.

Ich blieb bei ihm.
Sah alles mit an.
Ich sah seine Einsamkeit,
seine Verzweiflung,
seinen Schmerz.
Seine Augen waren dunkel vor wahnsinnigen Schmerzen.
›Jesus‹, wollte ich ihm zurufen,
›Jesus, gib mir deine Angst,
überlaß mir dein Weinen, dein Klagen!
Leg deine Angst in meine Hände.‹

Da sah er mich an, und es durchfuhr mich:
Hatte er mich verstanden?
Wohl nicht!
Aber sein Blick war wie eine letzte Botschaft,
ein letztes Einverständnis.
Sein Gesichtsausdruck veränderte sich.
»Vater«, sagte er leise,
»Vater, in deine Hände lege ich meinen Geist.«
So starb er.

Ich kann gar nicht beschreiben,
was dieser Tod in mir auslöste.
Ich war nahe daran,
wieder so krank zu werden
wie damals in Magdala.
Aber dann waren da die Freundinnen und Freunde,
ich war dieses Mal nicht allein.

Wir hatten alle große Angst,
aber wie hielten zusammen.
Doch wie sollte es weitergehen?
Wir hatten uns soviel von dem Leben
mit Jesus versprochen!
Dann kam der Ostermorgen.
Drei von uns Frauen gingen zum Grab.
Immer noch begleiteten uns
eine unheimliche Leere und Traurigkeit.
Wir weinten.
Da hörte ich eine Stimme:
»Maria,
Maria, gib mir deine Angst.
Überlaß mir dein Weinen, dein Klagen.
Leg deine Angst in meine Hände.«

Ich konnte es nicht fassen,
aber es war so:
Er hat uns nicht verlassen!
Er ist bei uns,
bei mir!
Da wurde mir plötzlich klar:
von ihm mußte ich erzählen,
von seinem Leben,
seinen Taten,
seinen Worten.
Alle sollen es hören,
alle sollen es wissen,
wie groß seine Liebe ist.
Das ist meine Aufgabe,
mein Leben,
meine Zukunft.

Ute Melchior-Giovannini
nach Lukas 8,1–3 und Markus 15,33–41; 16,1–11

»Ich wollte, es wäre mein eigenes Gesicht«

Jizchak ben Jehuda dem Freunde Gerson ben Ephraim

Friede sei mit Dir!
Eine ganze Woche schon konnte ich nicht Dein gastliches Haus aufsuchen. Die Ursache meine Fernbleibens: Der Herr – gelobt sei sein Name! – hat meinen Onkel zu den Vätern versammelt.
Zu den Begräbnisfeierlichkeiten und um den Nachlaß zu ordnen, mußte ich unverzüglich die Reise antreten. So grüße ich Dich aus der Ferne, aus dem galiläischen Kafarnaum.
Ein widerwärtiger Flecken! Kein Theater, keine gepflegte Geselligkeit, nichts als Gestank nach Fischen und von Wein! Der Fischgeruch, weil der See Genezareth den meisten Bewohnern dieser Stadt Lohn und Brot gibt; der Weingeruch, weil Kafarnaum römische Garnison ist – der Allmächtige verdamme die Eindringlinge!
Gestern, kurz vor Sonnenuntergang, wollte ich einen Händler aufsuchen, der meinem Onkel einiges Geld schuldete. Ich ging die Straße entlang, die vom Hafen zum Markt hinaufführt, als mir eine größere Menschenmenge den Weg versperrte.
Ich erkundigte mich, was geschehen sei. Erst erhielt ich keine Auskunft. Ich wollte mich schon wieder abwenden und einen anderen Weg einschlagen. Doch dann sagte mir eine Frau: »Das ist Jesus.« Mehr nicht! Aus ihrer Stimme klang eine seltsame Erregung heraus.
Man spricht zur Zeit ja auch bei uns in Jerusalem von dem Zimmermann aus Nazareth. Du kennst solche Nachrichten, die uns selten ohne Stellungnahmen der Überbringer erreichen: »Er ist der Messias!« sagen die einen. »Er ist ein Lügenprophet!« so die anderen. Du kannst verstehen, daß mich die Neugierde packte und ich ihn mal selbst sehen wollte.
Vorerst, mein teurer Gerson, sah ich aber nur in die Gesichter der vielen

drängelnden Menschen. Ich sah Leute, deren freches Gesicht die Spottlust verriet. Menschen von dem Schlag, dem selbst der erhabenste Augenblick nur zu Belustigung dient. Andere blickten andächtig, schienen ernsthaft interessiert zu sein an dem Nazarener und seinen Worten. Und es gab viele, die scheinbar gleichmütig aussahen, allenfalls mit einem fragenden Ausdruck ein allgemeines Interesse verrieten, und die wohl nur da waren, weil die anderen es auch waren, ohne besonderen Grund.

Und ich? War ich der Spötter einer, ging es mir um seine Worte, zog auch mich nur die Menge an? Ich weiß es nicht. Ich hätte was drum gegeben, wenn ich mein eigenes Mienenspiel hätte betrachten können!

Noch war Bewegung in der Ansammlung. Ich ließ mich von der Menge schieben. Sie drängte zu einem Haus, in dem sich Jesus befinden sollte. Hinter uns erhob sich plötzlich Geschrei. »Laßt den von Gott Geschlagenen doch durch!« hörte ich. Es machte keine Mühe, den Kopf nach hinten zu wenden und vorwärts zu gehen. So eingekeilt war ich inzwischen! Ich sah acht stämmige Arme eine notdürftig zusammengebundene Trage hochhalten. Auf ihr ein Gichtbrüchiger – einer von den vielen, die der Herr im Alter hart für die Sünden der Jugend straft. Zu keiner eigenen Bewegung mehr fähig, ganz auf das Erbarmen des Barmherzigen angewiesen. Diesem schien selbst die Verzweiflung fremdgeworden. Sein Gesicht zeigte keinerlei Regung, nur noch eine große Müdigkeit. Das Gesicht eines Kranken, der schon aufgegeben hatte zu leben.

Natürlich kamen die Männer mit der Trage nicht durch. Wie denn auch!? Selbst wenn ich gewollt hätte, es gab keine Möglichkeit ihnen zu helfen. Inzwischen ging es weder vorwärts noch rückwärts weiter. Dichtgedrängt stand die Menge. Ich konnte geradewegs auf die Tür des Hauses sehen ... und auf die Rücken der vor mir Stehenden. Was im Hause vor sich ging, blieb im Dunkeln des Innenraumes. Die Unruhe der Menschen um mich herum verhinderte auch, etwas von dem zu verstehen, was drinnen gesagt wurde. Lange Zeit standen wir so. »Worauf wartest du hier eigentlich?« fragte ich mich.

Du kannst Dir unsere Verblüffung kaum vorstellen, verehrter Freund, als plötzlich helles Tageslicht in den Innenraum des Hauses fiel. Nur langsam begriff ich, was geschah: Irgendwelche Leute rissen das Dach auf! Du darfst natürlich nicht an unsere festgefügten Jerusalemer Häuser denken. Hier in Kafarnaum, in den Gassen der Armut zumal, baut

man anders: ein paar übereinandergeschichtete Feldsteine, ein wenig Gestrüpp und viel Lehm und Schlamm, den sie vom Ufer des Sees herbeischaffen ... und fertig ist der Kasten, den sie hier »Haus« nennen.
Von dem flachen Dach des nämlichen Hauses ließen die Leute etwas in den jetzt erhellten Raum hinunter: An Seilen, aus Tüchern geknotet, gelangte die Trage mit dem Gichtbrüchigen hinab in die Menschenmenge. Und wieder, während die Trage über den Köpfen der Leute schwebte, sah ich dieses Gesicht. Wieder dieser leere, hoffnungslose Ausdruck – lebend und doch schon wie tot!
Jäh ergriff mich eine unerklärliche Furcht. Das kenn' ich doch – solche Gefühle! Leer, ausgebrannt, erschöpft, müde. Könnte dieses Gesicht nicht mein eigenes sein? Seh' ich nicht auch manchmal so aus wie jener Bedauernswerte? Nun gut, ich bin gesund. Ich gehe meinen Geschäften nach. Und das nicht zu knapp. Aber wo ist da noch Leben drin? Ich bin kein Jüngling mehr; das Leben hat mir so manchen meiner Träume zerstört. Ich habe harte und bittere Erfahrungen sammeln müssen. Ich habe gelernt, mich anzupassen und aus jeder Situation das Beste herauszuholen. Das hinterläßt seine Spuren! Wer bin ich? Bin ich er? Lebendig und doch wie tot?
Hier, in diesem Augenblick, vor der armseligen Hütte, sah ich mich auf einmal selbst auf dieser Trage ...
Kannst Du mich verstehen?
Die Menschenmenge war in gespannter Erregung verstummt. Jetzt drangen auch die Stimmen aus der Enge des Raumes hinaus. Ich hörte eine feste Stimme: »Die Sünden sind dir vergeben.« Sünden vergeben? Die Spannung löste sich in Unruhe auf, die Unruhe wuchs zum Lärm. Sünden vergeben – hatte der Krüppel das erwartet? Er oder die Leute, die ihn hergeschleppt und das Dach aufgerissen hatten?
Nein, Heilung suchten sie!
Ich verstand die Enttäuschung der Umherstehenden. Doch sehr bald wurde ich belehrt, daß ihre Erregung ganz andere Ursachen hatte: »Nur Gott ..., Anmaßung ..., Lästerung ..., umbringen ...«, fing ich aus der Menge auf.
Ich spürte, wie die Erregung um mich her sich zur tödlichen Gefahr für den Mann dort drinnen verdichtete. Und ich erinnerte mich der Worte unserer Schriftgelehrten: »Sünden vergeben – das kann nur Gott! Gott allein!«

Für eine Weile war nur das erboste Gemurmel der Leute zu vernehmen. Dann wieder seine Stimme: »Was ist schwerer? Diesen Mann wieder gesund zu machen oder ihm zu sagen: Deine Sünden sind dir vergeben?« Was ist schwerer? Es war, als müßte jeder von uns diese Frage beantworten. Die dort im Hause und wir davor. Diese verdorrten Hände und Füße wieder zu neuem Leben erwecken? Nein, hier gab es keine Hoffnung mehr! Sünden vergeben? Wer konnte das schon, doch nur Gott allein! Was ist schwerer?

Ich hörte wieder seine Stimme: »Ich sage dir: Stehe auf, nimm dein Bett und gehe heim.« Die Stimme war ganz ruhig, leise sogar. Und doch füllten diese Worte die Stille bis zum Bersten.

Und dann, dann kam Bewegung in die Menschen. Erst wurde es im Hause unruhig, dann im Eingang des Hauses, dann bei den vor mir Stehenden. Wie eine Welle, angestoßen von dem Geschehen im Innenraum des Hauses. Und sie brachte uns den Mann vor Augen, dem Jesu Worte gegolten hatten. Da stand er in der Tür, der, der auf der Trage hergebracht werden mußte. Er ging – nach wievielen Jahren wohl zum ersten Mal wieder? – ging unsichere Schritte. Zum letztenmal sah ich sein Gesicht. Unglaublich – diese Wandlung! Ein Gemisch von Staunen, Freude, Bewegung und ..., ach ich weiß nicht, welche Worte ich noch finden soll. Dieses Gesicht lebte! Und wie!

Die Menge öffnete dem Geheilten eine Gasse. Mit einem Male war es möglich! Er ging langsam durch sie hindurch und ... verschwand. Ich habe ihn nie wiedergesehen.

Wie ich dann da rausgekommen bin, weiß ich nicht: Die Menschen gerieten in Bewegung, erst zögernd, dann immer mächtiger. Sie begannen zu schreien. Drängten, stießen, boxten sich in Richtung des Hauses. Ich wollte nur weg. Und hab's irgendwie auch geschafft.

Mechanisch machte ich mich auf den Weg zu dem Händler. Ich bekam das Geld. Heute suchte ich noch andere auf, die einmal Geschäftsfreunde meines Onkels waren. Viele Worte wurden gewechselt, freundliche und auch geschäftsmäßig kalte. Du weißt, es bereitet mir sonst Freude, über Geschäfte zu sprechen. Doch gestern und heute war ich nicht bei der Sache. Mein Herz blieb unbeteiligt.

Immer wieder höre ich die Stimme des Nazareners. Immer wieder sehe ich das Gesicht des Geheilten vor mir. Ich wollte, es wäre mein eigenes

Gesicht. Und ich will diesen Augenblick festhalten, diesen Ausdruck von Leben. Ja, ich will leben und mich nicht mehr lähmen lassen ...
Hiermit schließe ich. Es ist mittlerweile tiefe Nacht, ja, der Morgenstern kündet schon den neuen Tag an. Hab Dank für Deine Geduld, wenn Du meine Zeilen bis zum Schluß gelesen hast. Und nun sei gegrüßt, Du und Dein ganzes Haus. Der Allgütige – sein Name sei in Ewigkeit hochgelobt! – segne Euch alle.
Mit eigenhändigem Gruße!
Jizchak

Jürgen Kroll
nach Markus 2,1–12

Was kann ich überhaupt noch glauben?

Ich hab' es euch ja schon so oft erzählt, wie es uns mit unserem Johannes ergangen ist. Aber wenn ihr wollt, erzähle ich es auch noch einmal. Es ist eine so schöne Geschichte, ich kann sie nicht oft genug erzählen.

Wenn ich daran denke, wie krank Johannes als Kind war, wird mir heute noch ganz kalt. Dieses Reißen, dieses Zucken, erst wird der Blick stur, dann wird das Gesicht starr, schließlich wird das ganze Kind steif, und die Augen, die Augen, die fragen mich jedes Mal: »Papa, muß ich sterben?«

Nein, was sind wir damals zu den Ärzten gelaufen. Eine Enttäuschung nach der anderen! Ihr könnt euch nicht vorstellen, was wir durchgemacht haben. Die Ärzte konnten uns nicht helfen. Keiner konnte uns helfen. Wie oft bin ich aufgewacht nachts, da lag Hanna neben mir und weinte. »Was haben wir nur falsch gemacht? Warum werden wir von Gott so bestraft?« Am Ende hatte ich Angst, überhaupt noch einmal zu einem Arzt zu gehen. Lieber keine Hoffnung, als immer wieder neue Versprechungen und neue Enttäuschungen. Ach nein, ihr könnt es euch nicht vorstellen, wie das ist, wenn einen die Leute auf der Straße angaffen. Am liebsten wären wir gar nicht mehr unter Menschen gegangen.

Als damals einer sagte, daß dieser Jesus besondere Kräfte zum Heilen habe, glaubte ich es auch nicht. Hanna ist gar nicht erst mitgegangen. »Es hat doch keinen Zweck«, hat sie gesagt. Ich bin bloß hin, weil ich unser Elend nicht mehr aushalten konnte. Auch wollte ich nicht aufgeben. Aber daran geglaubt habe ich selbst nicht. Und die Enttäuschung kam

dann auch. Genau wie ich es im Innersten erwartet hatte. Zuerst trafen wir seine Freunde. Keiner von ihnen machte uns Mut. Wenn doch wenigstens einer unser Kind berührt oder gestreichelt hätte! Doch ich glaube, die Jünger hatten Angst, der böse Geist könne auch in sie eindringen.
Große Worte – viel Palaver: Weshalb das Kind jetzt nicht zu heilen ist und welche Art Geist das sei und woher er komme und wo er sonst vorgekommen sei und wer dazu etwas geschrieben habe und welche Medizin die beste sei. Ich kann es nicht mehr hören. Am liebsten wäre ich davongelaufen. Ich sehe Johannes an. Ich darf ihn nicht im Stich lassen. Wir müssen zu Jesus! Irgend jemand führt uns zu ihm hin. Als wir näher kommen, wird Johannes ganz steif, ich kann ihn nicht halten, ein furchtbarer Anfall, und die Leute stehen nur und gaffen. Wenn wir uns doch verkriechen könnten in ein Mauseloch!
Aber jetzt gibt es kein Zurück mehr. Wir sind schon bei Jesus. Mein Kind ist steif und blau und hat Schaum vor dem Mund, und ich kann jetzt nicht mehr davonlaufen. Ich antworte Jesus auf seine Frage, wie lange das Kind schon krank sei. Und mit dem Mut der Verzweiflung flehe ich ihn an: »Kannst du was, dann erbarm' dich über uns.« Wie ich noch rede, spüre ich die Kraft, die von diesem Mann ausgeht, diese Ruhe. Ich höre noch heute, wie er sagt: »Dem, der glaubt, sind alle Dinge möglich!«
Das geht mir wie ein Stich durchs Herz. Was glaube ich denn? Ich glaube, daß wir für alle Zeiten mit diesem Kind bestraft bleiben. Ich glaube längst, daß es für uns keine Hoffnung mehr gibt. Ich habe doch alles probiert. Uns kann keiner mehr helfen. Keiner, keiner.
Ich will dir ja vertrauen, Jesus. Aber wie oft habe ich geglaubt und bin enttäuscht worden! Der Unglaube hat sich eingenistet bei mir. Er zerdrückt das bißchen, das an Glauben da ist. Hilf', daß mein Glaube wachsen kann. Ich glaub' dir, hilf meinem Unglauben. Ja, so hab' ich damals gesagt: »Ich glaube, hilf meinem Unglauben!«

Du bist meine letzte Hoffnung, meine allerletzte.
Was dann geschieht, ist wie ein Wunder. Nicht zu fassen, schon gar nicht zu erklären: Jesus spricht nicht zu Johannes, sondern zu dem bösen Geist, der in Johannes wütet. Ich sage euch, der Mann hat einen klaren Blick und eine Kraft, das ist kaum zu beschreiben. Du spürst, jetzt muß etwas geschehen. Du glaubst, die Welt bleibt stehen, für eine Sekunde, eine Ewigkeit. Es ist wie ein Blitz, der die Nacht erhellt, und du siehst alles ganz deutlich, und dann der Donner: ein furchtbarer Schlag. So hat sich Johannes nie gewunden. Er liegt auf dem Boden, wie tot, völlig erschöpft, aber ganz entspannt.
Der Rest geht wie von selbst: Jesus hebt unseren Johannes auf, oder eigentlich reicht er ihm nur die Hand. Und Johannes steht auf, so wie er morgens von alleine aufsteht. Er zittert noch und hält sich an Jesus fest. Dann kommt er zu mir. Ich nehme ihn in meine Arme. Er ist erschöpft und völlig verschwitzt.
Langsam, ganz langsam beginne ich zu begreifen, was geschehen ist. Johannes, unser kleiner Johannes, ist gesund. Der böse Geist ist raus.
Ich habe lange gebraucht, um das ganz zu verstehen. Ich hatte immer wieder Angst, daß die Krankheit wiederkommen würde, vor allem während der ersten Zeit. Jetzt hat es sich verloren.
Natürlich war Johannes am Anfang gegenüber den anderen Kindern etwas zurück. Ein bißchen schwächlich war er. Aber das hat er aufgeholt. Es ist ihm nichts mehr anzuspüren. Wenn ich die Krankheit nicht selbst erlebt hätte, würde ich sagen: »Es war alles ein böser Traum!«
Aber ich war wach, hellwach, als Jesus uns begegnete. Es war der wichtigste Augenblick in meinem Leben. Ich war so wach, wie sonst nie mehr, als ich sagte: »Ich glaube; hilf meinem Unglauben!« Ja, ich war ganz und gar wach.

Heide Wettig
nach Markus 9,14–27

»Ich habe noch nie etwas getan, was wirklich der Mühe wert ist«

Jesus ist in einem Dorf.
Seine Freunde sind auch da.
Die Jünger.
Sie unterhalten sich.
Sie unterhalten sich mit den Leuten,
die auf der Straße sitzen.
Vor einem Gasthaus.
Sie sprechen über alles Mögliche.
Leute fragen, wie das mit dem Scheidungsrecht sei.
Frauen erzählen von ihren Kindern.

Da drehen sich plötzlich die Augen aller Leute weg.
Einer nach dem anderen schaut
in die Richtung auf Simons Haus.
Da kommt ein Mann angeritten.
Auf einem herrlichen Tier.
Prachtvoll.
Mit einem kostbaren Sattel.
Nicht billig.
Das sieht jeder.

Der Mann ist jung.
Er kommt näher.
Hinter ihm laufen einige Leute her.
Das sind welche von seinen Arbeitern.
Leute, die auf seinem Hof arbeiten.
Auf seinen Feldern.

Vor Jesus hält er an.

Er steigt ab.

Er tritt auf Jesus zu.
»Ich nehme an,
du bist Jesus«, sagt er.
»Mein Name ist Jakobus.
Darf ich dich zu einem Wein einladen?
Ich lade euch alle ein«, ruft er,
»Wirt, bring Wein für alle;
ich bezahle.«

O ja!
Er ist reich, der Mann.
Das merkt man.
Man merkt es an der Art, wie er spricht.
Man merkt es an der Art, wie er sich bewegt.
Sicher.
Selbstbewußt.
Man merkt es an der Art, wie er auftritt.
An den Begleitern.

»Jesus«, sagt er.
»Ich freue mich.
Ich freue mich darüber, daß ich dich treffe.
Ich höre soviel Gutes über dich.
Über das, was du tust.
Was du sagst.
Ich höre es von den Leuten,
die bei mir arbeiten.
Ich höre davon, wie du geholfen hast.
Ich höre, wie du dich für die Kinder eingesetzt hast.
Und für die Frauen, die alleine sind.
Und jetzt?
Jetzt treffe ich dich tatsächlich.
Darüber freue ich mich.
Ja, ich glaube es auch.
Du bist ein guter Mensch.
Ein Mensch, so wie wir alle sein sollten.
Das gefällt mir.

Ich möchte auch so sein wie du.
Du sag mir,
wie kann ich werden wie du bist?«

Jesus sieht ihn an.
»Du findest, daß ich gut bin?
Mag sein.
Du willst so werden wie ich?
Das brauchst du nicht.
Das geht nicht.
Tu doch einfach das im Leben,
wozu du dein Leben hast.
Das ist für einen Menschen genug.«

»Was ist das denn, wenn ich fragen darf?«
»Das weißt du doch:
Ehre deinen Vater und deine Mutter.
Nicht töten.
Nicht stehlen.«

»Ja, das weiß ich natürlich«,
fällt der junge Mann Jesus ins Wort.
»Klar! Das sind die Zehn Gebote unseres Gesetzes.
Daran habe ich mich auch immer gehalten.
Aber sieh: Ich lebe ziemlich anständig.
Und doch habe ich das Gefühl:
Ich habe noch nie etwas getan,
was wirklich der Mühe wert ist.«

Jesus sieht ihn an.
Er sieht: Der junge Mann ist mit sich selbst
nicht zufrieden.
Er ist ihm sympathisch, der junge Mann.
Er mag ihn.
Er sagt zu ihm:
»Du, ich glaube, ich weiß es.
Ich weiß, warum du nicht zufrieden bist.
Ich weiß, warum du nicht zum Leben kommst.

Du besitzt zuviel;
du besitzt einfach zuviel,
um das zu tun,
was wirklich zufrieden macht.
Erst, wenn man wenig hat,
hat man genug, um das zu tun,
was man auch wirklich will.
Ich meine, du hast noch zuviel am Hals.
Zuviel, was dich gefangenhält.
Verschenke doch alles,
gib alles auf
und fang ein ganz neues Leben an.«
»Ich – alles verschenken.
Ich habe Land.
Ich habe Knechte.
Ich habe einen Vater, eine Braut, Freunde.
Ich habe Geld.
Mir gehört so viel, um das ich mich kümmern muß.«

»Ja, das weiß ich.
Laß dich davon nicht gefangennehmen.
Laß es zurück und mach bei uns mit.
Komm zu uns.
Geh mit uns mit.«

»Ich? Zu euch?
Könnt ihr mich wirklich gebrauchen?«
Der junge Mann kann es kaum glauben.
»Ja!« sagt Jesus.
»Wir können Freunde werden.
Jetzt.Sofort.
Komm mit.«

Da fängt der junge Mann an,
über die Worte nachzudenken.

Florian Sorkale
nach Matthäus 19,16–22

Nicht stark genug

Da steht er nun, der reiche, junge Mann, fleißig und anständig, er, der versucht hat, alle Gottesgebote zu halten, da steht er nun und soll all sein Hab und Gut den Armen geben!?
Nein, eine solche Antwort hat er von Jesus nicht erwartet, mit Schwierigem hat er schon gerechnet – man kennt ja diesen Wanderprediger aus Galiläa und seine extremen Ansichten – aber das?
Eine solche alles verändernde Entscheidung kann man nicht spontan fällen, so etwas muß reiflich überlegt, das Für und Wider abgewägt werden.
Zuerst wendet er sich an einen Freund Jesu, an einen der Männer aus dem engsten Jüngerkreis. Es ist Petrus. »Was meinst du«, so fragt ihn der junge Mann, »soll ich wirklich alles aufgeben und mit euch gehen? Was habe ich denn eigentlich davon?«
Der gibt ihm zur Antwort: »So darfst du mich nicht fragen, ich habe alles stehen- und liegengelassen. Ich bin einfach ohne große Überlegung mit Jesus mitgegangen. Sicher, ich war auch nicht so reich wie du. Ich konnte mich deshalb auch bestimmt besser von dem wenigen, was mir gehörte, trennen. Ob es sich lohnt? Ich kann dir nur sagen, daß ich meine Entscheidung noch keinen Tag bereut habe. Ich habe in der Zeit sehr viel von Jesus gelernt, viele neue Menschen kennengelernt, viel von Gott erfahren, reicht dir das?«
Der junge Mann schüttelte den Kopf: »Nein! Ich denke, daß ich das auch mit Geld erleben kann. Ich danke dir.« Er nickt Petrus zu und geht weiter.
Er trifft Amos, einen jungen Mann aus seiner Clique. Mit ihm

ist er schon viele Jahre befreundet. Er legt ihm sein Problem vor.

»Ja bist du denn total verrückt geworden? Alles willst du stehen- und liegenlassen, deinen ganzen Besitz den Armen geben, womöglich noch deinen eigenen Bediensteten? Was ist denn in dich gefahren?« ist Amos' erste Reaktion. »Da kann man doch mal sehen, wie recht unser Rabbi hat, wenn er vor diesem Nazarener warnt. Nichts als Unsinn hat er doch im Kopf, verleitet hier brave Leute zu so einem Blödsinn! Nee, mein Lieber, wenn du mich fragst, vergiß diesen Jesus mal ganz schnell wieder und leb so weiter wie bisher. Gibt es einen hilfsbereiteren und spendenfreudigeren Menschen bei uns in der Gemeinde als dich?«

Der junge Mann ist ganz überrascht. So aufgebracht hat er seinen Freund noch nie erlebt. »Ja«, sagt er, »ich habe auch schon daran gedacht: Wenn ich nichts mehr habe, kann ich nicht mehr helfen. Ich will mit Rebekka reden.«

Mit seiner Freundin die Sache zu besprechen, ist ihm besonders wichtig. Aber ...

»Was, verlassen willst du mich, nur um so einem dummen Kerl nachzulaufen. Wir wollten doch heiraten, hast du das ganz vergessen? Das machst du dir ja leicht, mich einfach sitzenzulassen! Wir hatten doch Zukunftspläne! Du denkst wohl nur an dich; was aus mir wird, scheint dir einerlei zu sein!«

Damit ist diese »Unterhaltung« beendet. Rebekka ist so erregt, daß sie auf die Entgegnung des jungen Mannes nicht länger hören kann. So geht er schweren Herzens nach Hause.

»So, so«, meint der Vater, »alles, was dir gehört, willst du verkaufen – und wo bleiben deine alten Eltern? Wie willst du das Gebot ›Ehre Vater und Mutter‹ erfüllen? Bist du nicht sehr egoistisch, wenn du auf diesen Mann aus Nazaret hörst? Was kann der dir denn anderes bieten als unsere Rabbiner? Neumodische Ideen bringen die Menschen doch nur durcheinander! Nein, mein Junge, ich kann dir da nur abraten. Das ist ein Irrweg, diese Entscheidung würdest du nur bitter bereuen!«

Seine Mutter ist der erste Mensch, der zumindest versucht, sein Problem zu verstehen, der nicht gleich an sich denkt und sofort auf ihn einredet, sondern der zuhören kann und die Wichtigkeit einer Entscheidung begreift.

»Von diesem Jesus aus Nazaret habe ich auch schon viel gehört, mein Junge«, meint die Mutter, »er ist sicherlich ein bewundernswerter Mann. Aber seine Gedanken sind neu und deshalb sind viele von uns erst einmal verschreckt. Es ist ganz bestimmt etwas dran, daß er sagt: Wer ganz auf Gottes Seite stehen will, der muß sich von allem trennen können. Denn das, was wir haben und von dem wir nicht loslassen können, ist immer ein kleiner ›Extra-Gott‹ in uns selbst, meine ich. Ob es nun die Familie ist, das Geld, der Beruf, den einer hat. Du stehst jetzt vor einer Entscheidung. Und du darfst keine Rücksichten auf uns nehmen, sondern mußt selbst entscheiden: Bist du stark genug, dich von allem, was du besitzt, zu trennen, um dich ganz auf Gottes Seite zu stellen?«

Dem jungen Mann ist das Herz schwer geworden bei den Worten der Mutter.

Nein, er ist nicht stark genug!

Traurig verläßt er das Haus. Macht sich erneut auf den Weg. Er will zu Rebekka, seiner Freundin. Er hat noch etwas mit ihr zu bereden.

Ute Melchior-Giovannini
nach Matthäus 19,16–22

»Vater, mir zuliebe!«

Ich machte mich so klein,
wie ich konnte.
Der Haushofmeister,
an dem ich mich vorbeigeschlichen hatte,
zeigte in meine Richtung.
Selbst aus dieser Entfernung sah ich,
wie das Gesicht des Hausherrn rot wurde vor Zorn.
Sogleich setzte er sich in Bewegung –
auf mich zu.

»Jetzt bist du dran«,
raunte mir mein Tischnachbar höhnisch grinsend zu.
Der hatte gut reden!
Er hatte einen sauberen Rock an.
Hatte sich wohl auch waschen können,
bevor er hergekommen war.
Wie all' die anderen,
die hier im Hause des reichen Jarebs
an gedeckten Tischen saßen.

Nicht, daß sie Festkleider trügen!
Wohl keiner der Versammelten
dürfte überhaupt eines besessen haben.
Dazu waren meine Tischnachbarn zu arm.
Das war ersichtlich.
Aber sie gaben auf ihre Weise dem Hausherrn die Ehre.
Und dem Anlaß der Feier!
Einfach, aber mit dem ihnen eigenen Stolz.
Ja, sie, die Armen der Stadt,

waren zur Hochzeit von Jarebs Sohn eingeladen.
Keiner wußte
warum.
Aber es war so.

Und so saßen sie an den reichgedeckten Tischen
und wurden bedient
und ließen sich's gutsein.
Abgearbeitete, rissige, verknotete Hände
griffen silberne Weinbecher.
Die Diener,
selbst in kostbareren Gewändern als die Gäste ihres Herrn,
sahen auf gebeugte,
wenn auch breite Rücken,
denen man die Lasten,
die sie getragen,
noch anzusehen meinte.
Verhärmte Gesichter,
in denen das Leben unauslöschliche Spuren gegraben hatte,
wandten einander zufrieden, fröhlich,
manchmal auch schmatzend zu.

Alles paßte irgendwie nicht zusammen:
Der Geruch der Armut und der Überfluß auf den Tischen.
Das natürliche Verhalten der Gäste und der vornehme
Rahmen.
Und doch war es ein friedvolles Bild.
Der einzige Schandfleck: Ich!
Mir wollte es nicht mehr schmecken.
Ich versuchte,
meine schmutzigen Hände unter dem Tischtuch zu
verbergen.
Zupfte immer nervöser an meiner Kleidung.
All' das dürfte den jammervollen Anblick,
den ich geboten haben muß,
eher noch verstärkt haben.

»Das darf doch nicht wahr sein!«
ertönte jetzt eine feste Stimme hinter mir.
Ich wagte mich nicht zu rühren.
Blickte unverwandt auf den Teller vor mir.
»Erst lassen mich alle meine Freunde im Stich,
weil sie heute angeblich keine Zeit haben,
und ich muß mir die Gäste
für die Hochzeit meines Sohnes
von der Straße holen.
Und dann taucht auch noch dieser Typ hier auf
und wagt es,
sich in diesem Aufzug an meinen Tisch zu setzen!
Mensch, steh' auf,
daß man dich sehen kann!«

Ich merkte,
wie mir vor Scham das Blut in den Kopf schoß.
Und als ich dann nach unendlich langer Zeit stand,
zitterten mir die Knie.
Ich dachte:
›Alle sehen dich jetzt an.‹
»Gibt es irgend etwas,
was du zu deiner Entschuldigung vorbringen kannst?«
Ich sah in das wütende Gesicht des Hausherrn.
»Deine Knechte haben gesagt,
alle sollen kommen.«
»Aber doch zu einer Hochzeitsfeier!«
»Alle!« wiederholte ich schwach.
»Nicht so!«
Ich, noch leiser:
»Ich habe seit Tagen nichts gegessen«,
und, trotzig,
»und stehlen will ich nicht.
Ich bin von zuhause weg.
Hab's nicht mehr ausgehalten!«

Ich rechnete jeden Moment damit,
gepackt und hinausgeworfen zu werden.
Da unterbrach eine Stimme die Stille,
die meiner Entschuldigung gefolgt war:
»Vater«, sagte sie,
»mir zuliebe!«
Mehr nicht.

Auf einen Wink des reichen Jarebs hin
tritt der Haushofmeister auf mich zu.
Ich balle ohnmächtig die Fäuste.
Hebe die Hände.
Wohl wissend,
daß ich keine Chance habe.
»Nein«,
sagt der Verwalter
und lächelt mich an.
»Nicht vor die Tür,
sondern erst ins Bad
und dann in die Kleiderkammer!«

Die Menschen klatschten.
Sie freuten sich.
Für mich.
Über den gütigen Hausherrn.

Dietmar Gerts
gegen Matthäus 22,1–14

»Kinder sind unmöglich«

»Kinder«, sagte Ben Gabriel (er saß in einer Runde von Männern rings um Jesus), »Kinder sind manchmal un-möglich mit ihren Wünschen. Sagt doch gestern mein Jüngster, der achtjährige Daniel: ›Vater, ich möchte so ein Schaf mit braunen Flecken. Ich werde allein dafür sorgen. Ich werde es selber auf die Weide führen und ihm Wasser geben!‹ ›Aha‹, sag' ich, ›Und das tust du jeden Tag?‹ – ›Na klar‹, sagt Daniel. ›Und wer melkt dein Schaf?‹ frag' ich. ›Och‹, sagt Daniel, ›das kann Mutter tun, sie melkt doch sowieso die anderen Schafe – da kann sie meins mitmelken‹.«
Alle lachen. »So ein Schlitzohr!« rufen sie. »Ein kluges Bürschchen! Ja, so sind die Kinder! Immer große Wünsche! Und wir Erwachsenen dürfen es hinterher ausbaden.«
Jesus lacht auch. Dann fragt er: »Und – hast du deinem Daniel das Schaf überlassen?«
»Wo denkst du hin!« antwortet Gabriel lachend. »Das Schaf wäre nach drei Tagen verhungert oder verdurstet. Ich kenne doch meinen Daniel! Große Wünsche – große Pläne – aber eben noch ein Kind. Er hat eine Idee ... Wenn die eigentliche Arbeit losgeht – dann ist es schnell aus und vorbei ...!«
»Und was hast du gemacht?« fragt Jesus gespannt. Auch die anderen Männer sind neugierig.
»Ach«, sagte Ben Gabriel, »ich habe zu meinem Daniel gesagt: ›Weißt du, ein Schaf – was ist schon ein Schaf? Sorg lieber für den Esel mit den hellen Ohrenspitzen, Gomor, der hat's nötig!‹ – ›Ich?‹, hat Daniel gestaunt, ›für Gomor sorgen? Das ist je noch viel besser! Danke, Vater!‹«
»Aber, aber!« ruft Ben Absalom, »so ein kleiner Junge und für einen großen Esel sorgen! Das ist doch eine Überforderung!«

»Keineswegs!« lacht Ben Gabriel, »der Esel weiß von selber, wo er Futter und Wasser findet, und melken muß man ihn auch nicht. Also kann Daniel ganz leicht für ihn sorgen, so wie er es sich gewünscht hat. Er ist auch ganz stolz darauf. Er hat zu mir gesagt: ›Du bist große Klasse, Vater! Ich hätte nie gedacht, daß du meine Bitte so anhören und dann auch noch erfüllen würdest! Eigentlich habe ich dich ja fragen wollen ›Darf ich für einen Esel sorgen‹, aber ich habe mich nicht so richtig getraut!‹ – ›Du kannst deinem Vater ruhig sagen, was Du möchtest‹, habe ich ihm eröffnet, ›immer. Ich will sehen, was sich machen läßt.‹ Da war er ganz glücklich, und hat mir einen Kuß gegeben.«
Die Männer lachen wieder. »Du bist gut, Ben Gabriel!« rufen sie. »Ja, so muß man's machen. Was meinst Du, Rabbi Jesus?«
Der schmunzelt: »Das hast du wirklich gut gemacht, Ben Gabriel! Du hast deinen Sohn geduldig angehört und mit ihm seinen Wunsch besprochen – und schließlich sehr geschickt seine Bitte erfüllt. Ich bin überzeugt: Dein kleiner Daniel wird jetzt immer wieder zu dir kommen, wenn er etwas auf dem Herzen hat, er hat Vertrauen zu dir!«
Ben Mosche, einer der Männer, mischt sich ein: »Und was ist, Jesus, wenn Ben Gabriel die Bitte seines Sohnes einmal nicht erfüllen kann oder will? Das wird ja früher oder später passieren! Dann ist es aus mit dem Vertrauen!«
»Das glaube ich nicht!« ruft Ben Gabriel. »Mein Daniel weiß genau, daß ich ihn lieb habe. Wenn ich mal sagen muß, ›diese Bitte kann ich dir nicht erfüllen, Daniel!‹, dann verliert er doch nicht das Vertrauen! I wo! – Nach zwei Stunden kommt er wieder und hat etwas anderes auf dem Herzen. Würde er das tun, wenn er kein Vertrauen hätte?«
Jesus nickt: »Ja, Freunde, ich verstehe Ben Gabriel sehr gut. Das Wichtigste ist sicher, daß ihr eure Kinder lieb habt und daß sie das merken. Dann kann man ihnen durchaus mal eine Bitte abschlagen. Sie wissen ja: Das tut der Vater, weil er besser weiß, was für mich gut ist. Weil der Vater mich lieb hat.«

»Ja, ja«, stimmt Ben Mosche zu, »da ist was dran, Rabbi Jesus. Du sprichst so, als hättest du gute Erfahrungen mit deinem Vater gemacht.«
»Hab' ich auch«, bestätigt Jesus. »Genau diese Erfahrung habe ich gemacht: Daß mein Vater besser weiß, was gut ist für seinen Sohn. Darum habe ich auch dann Vertrauen zu ihm, wenn er mir einen Wunsch abschlägt.«
»Entschuldige«, fährt Ben Gabriel dazwischen, »du sagst: Er weiß – und: Ich habe Vertrauen ... Du redest von deinem Vater, als lebte er noch. Aber dein Vater Joseph ist doch vor mindestens 10 Jahren gestorben.«
Jesus lacht: »Ach, Ben Gabriel, ich meine doch nicht den guten Vater Joseph! Der ist längst tot, ja! Ich spreche von meinem himmlischen Vater – von unserem Vater im Himmel, von Gott. Ihn habe ich gemeint! Wißt ihr: Ich sage ihm alles, was ich vorhabe, was ich tun möchte, was ich auf dem Herzen habe. – Tut ihr doch auch, oder?«
Die Männer murmeln irgend etwas. Ben Mosche räumt ein: »Gewiß, wir sprechen unsere Gebete in der Synagoge und bei Tisch und ... und ...«
»Nun ja«, sagt Jesus, »das ist gut, und Gott freut sich sicher, wenn ihr diese Gebete sprecht. Aber ihr könnt ihm ruhig alles sagen: eure Sorgen mit den Schafen und eure Freude über ein schönes Fest und eure Gedanken über die Nachbarn und den Kummer mit euren Kindern. Ich meine: Zu Gott kann man mit allem kommen ...«
»Und du glaubst«, fragt einer der Männer, »er hört uns zu, wenn wir diese ... diese Kleinigkeiten unseres Lebens vor ihn bringen?«
»Aber sicher«, sagt Jesus, »ihr könnt ihm alles und jedes sagen. Er hat für alles ein Ohr. Auch für eure Bitten und Wünsche. – Allerdings«, fährt Jesus fort, »allerdings erwartet nicht, daß Gott euch alles erfüllt, was ihr von ihm erbittet! Nein, erwartet das nicht! Wer – wie der kleine Daniel – um ein Schaf bittet, der bekommt es nicht unbedingt, weil das für den kleinen Daniel und für das Schaf nicht gut wäre. Er bekommt

– einen Esel zu versorgen: Denn das ist für beide gerade recht. Versteht ihr?«

Die Männer nicken und lächeln.

»Seht ihr«, sagt Jesus, »wenn wir Menschen, die wir ja wirklich nicht immer die Klügsten sind – wenn wir Menschen schon, wie Ben Gabriel, unseren Kindern möglichst nur Gutes tun: Wieviel mehr wird unser himmlischer Vater nur Gutes für uns im Sinn haben! Traut ihm das zu, Freunde! Er hat uns doch lieb!«

Jürgen Koerver
nach Matthäus 7,7–11

Mit dem Herzen sehen

Regelmäßig treffen sich die Hunde der Stadt und erzählen sich ihre Lebensgeschichten. Heute ist Samson an der Reihe. Er hat ein bewegtes Leben hinter sich.

»Ihr wißt, ich bin in Jerusalem ausgebildet worden. Vier Jahre dauerte das. Nach der Abschlußprüfung bekam ich ein Zeugnis: die Zulassung als Blindenhund.
Es gibt viele Blinde. So dauerte es nicht lange, und ich hatte einen Herrn. Ich sollte für ihn sehen und ihn sicher durch die Stadt führen. Im allgemeinen hatte ich es gut. Wir haben uns gut ergänzt. Ich führte ihn – er versorgte mich. Ich paßte auf ihn auf – er bürstete mein Fell und hielt mein Geschirr in Ordnung.
Manchmal war mein Dienst aber auch sehr anstrengend: Viele Stunden habe ich mit meinem Herrn in Vorzimmern von Ärzten verbracht. Mein Herr wartete darauf, rangenommen zu werden. Ich wartete, daß ich mich wieder bewegen durfte.
Mein Herr hoffte stets, daß es noch einmal besser werde mit seiner Sehkraft. Aber alle ärztliche Kunst versagte. Er war oft niedergeschlagen, still, traurig. Er schien sich selbst nicht zu mögen – und auch niemanden sonst. O ja, ich bekam das zu spüren! Kaum nannte ihm jemand einen Heilkundigen, zogen wir gleich wieder los, und die ganze Warterei begann von neuem. Sinnlos das ganze!
Eines Tages hörten wir, daß Jesus in die Stadt komme. Diesem Manne ging ein wundersamer Ruf voraus: Mit

ihm käme Gott, und das sei, wie der Prophet gesagt habe:

»Die Blinden können wieder sehen
und die Tauben wieder hören.
Der Lahme springt wie ein Hirsch,
und der Stumme jubelt vor Freude.«

Kaum war Jesus eingetroffen, mußte ich meinen Herrn zu ihm bringen.
Dann standen sie sich gegenüber. Jesus sah meinen Herrn an und – ich werde es nie vergessen – tat ihm Spucke auf die Augen. Stellt euch das mal vor! Er legte ihm seine Hände auf den Kopf und fragte: ›Was siehst du?‹ Mein Herr blickte auf: ›Ich sehe Menschen. Groß wie Bäume, doch wie im Nebel.‹ Ich dachte: ›Quatsch! Einbildung! Das gibt es doch gar nicht! Blind ist blind. Kein Arzt, kein Heilkundiger konnte daran etwas ändern. Jesus etwa?‹
Jesus legte meinem Herrn eine Hand über die Augen. Als er sie wieder weggenommen hatte, rief, nein, schrie der: ›Die Nebel sind weg! Ich sehe Farben! Alles ist hell und bunt! Ich bin geheilt!‹ Er tanzte. Jeden umarmte er und war überglücklich. ›Ich liebe das Leben! Es ist hell!‹
Wie immer faßte mein Herr das Geschirr, als wir nach Hause gingen. Ich dachte: ›Na?‹ Aber er verhielt sich ganz anders als sonst: Er blinzelte in die Sonne; er wendete den Kopf hierhin, dorthin; er lächelte Vorbeigehenden zu. Und vor allem: Er ging sicheren Schrittes. Die Steine auf dem Weg störten ihn nicht mehr. Kein einziges Mal war er gestolpert. Da wußte ich, daß er wirklich sehen konnte!
Ja, mein Herr war nicht mehr blind. Was sollte nun aus mir werden, fragte ich mich. Fünf Jahre hatte ich ihn geführt und beschützt, hatte dadurch auch ein Zuhause. Ein halbes Hundeleben waren wir aufeinander

angewiesen. Jetzt brauchte er mich nicht mehr, war unabhängig und frei.
Mein Herr hat mich in seinem Hause behalten. Nicht länger als Blindenhund, sondern als Freund. Wir gehen zusammen arbeiten und spazieren, wir gehen einkaufen und bummeln durch die Stadt. Die Riemen und das Lederhalsband bleiben an den Wand. Hoffentlich werden sie nie wieder gebraucht werden. Ein neues Leben hatte begonnen. Für uns beide.

Mein ehemaliger Herr hat es gut getroffen. Er hat jetzt eine Frau und zwei Kinder. Er geht einem Beruf nach: ›Fremdenführer‹. Er zeigt den Leuten die Sehenswürdigkeiten der Stadt, das Rathaus, die Synagoge, den Marktplatz, das Steuerbüro und ... Dabei beläßt er es nicht bei Erklärungen zum Baustil. Er erzählt auch, welche Menschen dort arbeiten, wer wo ein- und ausgeht oder sich trifft. Er berichtet, wie sie miteinander umgehen, wie sie leben und was für Probleme sie haben. Nein, mein Herr ist nicht mehr blind! Die Leute hören ihm auch gerne zu, wenn er die Geschichte seiner Befreiung erzählt.
Schon bald nach jenem denkwürdigen Tage war Jesus weitergezogen. Doch in der Geschichte meines ehemaligen Herrn ist er so gegenwärtig, als wäre er leibhaftig unter uns. Mit solcher Begeisterung, mit solcher Anschaulichkeit schildert mein Herr seine Begegnung mit Jesus. Und daß er seitdem das Leben liebe – und überhaupt die Welt, die Menschen, die Tiere ...
Dann denke ich: Jesus hat ihm nicht nur die Augen geöffnet, sondern auch das Herz. Das ist fast wichtiger – für mich!«

Eberhard Thon
nach Markus 8,22–26

»Denen werden wir es zeigen!«

Sie sind unterwegs.
Jesus und seine Freunde.

Sie wollen nach Jerusalem.
Zum Passafest.
Zum Fest der Befreiung.
Aus der ägyptischen Gefangenschaft.
Über tausend Jahre ist das her.
Aber es bleibt unvergessen.
Und es wird gefeiert.
Jedes Jahr.

Es wird im kleinen gefeiert.
In jedem Haus. In jedem Ort.
Und ganz groß: in Jerusalem.
»Zum Passa nach Jerusalem!«
Das bringt unzählige Menschen auf die Beine.
Jedes Jahr.
Von überall her.
Jesus und seine Freunde kommen aus Kafarnaum,
hoch im Norden.
Und gehen nach Jerusalem,
in den Süden.
Ein weiter Weg.
Wer aus dem Norden kommt,
muß durch Samarien.
Oder macht einen weiten Bogen um das fremde Land.

Den ganzen Tag sind sie schon unterwegs.
Immer weiter.
Sie haben die Heimat verlassen.
Sie haben die Grenze überschritten.
Sie sind im Ausland.
Es ist Abend geworden.
Ihre Füße sind schwer.
Und hungrig sind sie auch.
Jakobus und Johannes gehen vor.
Zum nächsten Dorf.
Sie wollen eine Unterkunft suchen.
Und etwas zum Essen.

»Du, Johannes, mir ist ganz schön flau im Magen.«
»Ja, das war ein anstrengender Tag heute.
Ich bin auch kaputt. Und einen Durst habe ich!«
»Nein, das meine ich nicht. Denk' doch mal, wo wir hier sind.«
»Ach so. Richtig, wir sind in Samarien.
Und die Samariter sind nicht gerade gut auf uns zu sprechen.
Das weiß ich auch.
Sie denken noch immer an den alten Streit.

An die Teilung des Landes.
An die beiden Hauptstädte.
An den Streit um die wahre Hauptstadt.
Samaria? Oder Jerusalem?
An den Kalten Krieg zwischen den Regierunen.
An die gegenseitigen Verdächtigungen der Menschen.
Auch an die Übergriffe
und Gewalttätigkeiten denken sie noch.

Aber das ist lange her.
Da mach' dir mal keine Sorgen.
Wir sind doch in friedlicher Absicht hier.
Wir haben nichts gegen Samariter.
Sie sind nicht unsere Feinde.

Wir wollen nur essen und trinken.
Und ein Quartier.
Und das alles werden wir gut bezahlen.
Den Samariter möcht' ich sehen,
der das nicht kapiert.«

Die beiden erreichen das Dorf.
Sie schauen sich um.
Sie gehen zum Dorfplatz.
Da finden sie ein Haus.
Das sieht aus wie ein Gasthaus.
Sie klopfen.
Es dauert eine Weile.
Dann wird die Tür geöffnet.
Ein Mann tritt heraus.

»Guten Tag.
Wir suchen ein Quartier.
Für uns und unsere Freunde.
Die anderen sind noch unterwegs.
Und Hunger haben wir auch.
Können wir was zu essen bekommen?
Wir sind schon den ganzen Tag auf den Beinen.
Jetzt sind wir rechtschaffen müde.«

Der Mann sieht sich die beiden an.
Von oben bis unten.
»Wer seid ihr eigentlich?
Wo kommt ihr her?
Wie lange wollt ihr bleiben?
Wo wollt ihr hin?«

»Ich heiße Johannes.
Das hier ist Jakobus.
Wir sind auf dem Weg nach Jerusalem.
Mit noch zehn anderen Freunden.
Und Jesus. Aus Nazaret.
Er will mit uns nach Jersualem.

Zum Passa nach Jerusalem – verstehst du?
Aber – was spielt das für eine Rolle.
Wir sind müde und brauchen ein Quartier.
Und wir zahlen gut.«

»Ihr könnt euer schmutziges Geld behalten!« sagt der Mann.
Und seine Stimme klingt scharf wie ein Messer.
»Dachte ich es mir doch gleich.
Juden seid ihr.
So, so – nach Jerusalem wollt ihr.
Und da sucht ihr ausgerechnet hier bei uns Quartier.
Das könnte euch so passen.
Ausgerechnet ihr,
die ihr so stolz seid auf euren Tempel.
Alles ist besser bei euch.
Und größer.
Und alles wißt ihr besser.
Habt ihr vergessen, was ihr uns angetan habt?
Ihr habt unseren Tempel kaputtgemacht!
In grausamer Weise seid ihr über uns hergefallen.
Damals.
Keine Familie gibt es in unserem Dorf,
die nicht wenigstens ein Opfer zu beklagen hat.
Ihr seid alle Verbrecher.
Euch soll ich jetzt auch noch bewirten?
Ihr könnt mir gestohlen bleiben.
Macht bloß, daß ihr wegkommt.
Haut ab!
Sonst hol' ich noch ein paar Freunde.
Die machen euch Beine.
Darauf könnt ihr euch verlassen.
Haut ab!«

Die Tür fällt krachend zu.
Johannes und Jakobus schauen sich an.
Sie sind sprachlos.
Betroffen drehen sie sich um und gehen.

Die Wut steigt in ihnen hoch.
Als sie den Marktplatz überqueren,
dreht sich Jakobus um und schreit über den ganzen Platz:
»Na warte! Das sollst du uns büßen!
Ihr verfluchten Samariter!
Ich wünsche euch Pech und Schwefel an den Hals!«
Bei diesen Worten droht er mit der Faust.

Auf dem Weg zurück reden die beiden kein Wort.
Aber die Wut brodelt in ihnen.
Kalte Wut.
Als sie Jesus und die anderen erreichen,
platzt es aus ihnen heraus.
Sie können sich nur schwer beherrschen.
Und dann:
»Kommt, denen werden wir's zeigen!
Komm, Jesus.
Das lassen wir uns nicht gefallen.
Das zahlen wir ihnen heim!«

Sie sind im Begriff zu gehen.
Johannes. Jakobus. Petrus. Thomas. Alle.
»Komm, Jesus!« sagt jetzt auch Levi,
die sollen nicht ungeschoren davonkommen!
Das darf nicht ungestraft bleiben!«

Und sie stürmen los!

»Halt!«
Jesus hat laut gerufen.

»Halt! Johannes!
Halt Jakobus!
Was macht ihr denn?
Seid ihr denn ganz und gar von Gott verlassen?
Merkt ihr denn nicht, was ihr tut?!
Umbringen wollt ihr. Ermorden!
Was ist das für ein Geist!

Ihr seid voll von Rachegefühlen. Ja!
Wie du mir, so ich dir!
So ist es immer gewesen.
Der Haß macht euch blind.
Ihr wollt ihnen noch Schlimmeres antun,
als sie uns getan haben.
Wo soll denn das enden?!
Der Haß zwischen uns Juden und den Samaritern
geht immer weiter und wird immer tiefer.
Gott will das nicht.
Gott will, daß wir anders miteinander leben.

Denkt doch mal nach!
Erinnert euch an das,
was ihr von Gott wißt.
Wir müssen uns nicht immer weiter wehren.
Nicht weiter hassen.
Die Feindschaft nicht weiter ausbauen und vertiefen.
Wir können in Frieden miteinander leben.
Gott hilft denen,
die das versuchen und damit anfangen.
Das sage ich euch!
Und wir können jetzt damit anfangen.
Wir gehen nicht zurück ins Dorf.
Wir schlagen nicht zurück.
Wir ziehen weiter.«

Jakobus ist stehengeblieben.
Die anderen auch.
Er ist erschrocken.
Er sieht Jesus an.
»Tja – so ist das!
Du hast so was schon mal gesagt.
Und ich hab' das auch gut gefunden.
Aber irgendwo hat das doch seine Grenze!
Ich kann mich doch nicht einfach so abfertigen lassen.
Von den Samaritern.

Und wo sollen wir bleiben heute nacht?
Wo kriegen wir etwas zu essen her?«

»Ja, ich finde das auch schlimm,
wie der Samariter sich benommen hat.
Und daß wir jetzt noch kein Quartier haben,
darüber bin ich auch enttäuscht.
Aber was ich gesagt habe,
gilt nicht nur für die anderen,
sondern auch für uns.
Wir können uns nichts mit Gewalt erzwingen!
Wir ziehen weiter.
Vielleicht kann sich etwas ändern.«

»Ja, vielleicht. Vielleicht.
Vielleicht denken sie auch:
Was für Feiglinge!
Und fühlen sich jetzt erst recht als Sieger!
Ändert sich denn wirklich etwas,
wenn wir jetzt weitergehen?!«

Florian Sorkale
nach Lukas 9,51–56

Hauptmann Marcus Pfifficus
Kohortenführer zu Jericho

STRENG GEHEIM!

An
Pontius Pilatus
Statthalter zu Judäa

Erhabener Statthalter!

Es ist Meldung zu machen von einem Vorfall, der die Wiedervergabe der Pachtrechte betrifft. Ich bitte Sie, folgendes zur Kenntnis zu nehmen:
Vor einigen Tagen kam ein Wanderprediger aus Galiläa nach Jericho. Er erregte einen großen Menschenauflauf, denn es werden ihm Wunderheilungen nachgesagt. Die Leute verliefen sich dann auch wieder, ohne daß wir eingreifen mußten. Eines scheint mir jedoch bemerkenswert, da es unsere Interessen berührt:
Dieser Wanderprediger fand gastliche Aufnahme im Hause des Zachäus, der für den Bereich Jericho die gesamten Steuer- und Zollrechte gepachtet hat. Die dem Zachäus gestatteten Unterpachtverträge an kleinere Steuer- und Zolleintreiber sind besonders einträglich wegen des Flußüberganges zum Vierfürstentum des Herodes Antipas.
Besagter Wanderprediger muß auf Zachäus einen bedeutenden Einfluß gehabt haben. Der verschenkte nämlich nach dessen Besuch die Hälfte seines Vermögens. Das ist seine Sache. Von großer Bedeutung für uns jedoch ist das weitere: Zachäus ersetzte den Schaden, den einige seiner Unterpächter bzw. regelmäßig durchreisende Kaufleute durch Übervorteilung erlitten, nicht nur einfach, sondern gleich vierfach. Damit wirft er ein schlechtes Licht auf unser System der Verpachtung von Steuer- und Zollrechten. Durch das System der Pachtvergabe, die eine indirekte Erhöhung der Steuer- und Zollabgaben bewirkt, kommt es immer wieder zu Unruhen in der Bevölkerung. Das Verhalten des Zachäus ist geeignet, neuen Unruhen Vorschub zu leisten.

Wir bitten Sie daher zu prüfen, ob es noch angemessen ist, Zachäus bei der nächsten fälligen Pachtvergabe für den Bereich Jericho wieder zu berücksichtigen. Die geschilderten Vorkommnisse veranlassen mich, von einer weiteren Beauftragung des Zachäus dringend abzuraten.

Dem Kaiser die Ehre!

Marcus Pfifficus

Bernward Funke nach Lukas 19,1–10

Auf der Seite des Lebens

Erzählen möchte ich euch, Freunde,
vom Tod
und von Jesus.
Erzählen möchte ich euch, Freunde,
wie es der Tod mit Jesus zu tun bekam.
Das war schlimm für ihn.
Für uns ist das gut,
aber schlimm für den Tod.
Darum wehrt er sich, der Tod.
Ihr werdet hören ...
Vier Bilder will ich euch vor Augen stellen.

1. Bild

Stellt euch ein kleines Dorf vor.
Wer von Jerusalem kommt, hat einen Blick darauf.
Es liegt unter ihm am Hang.
Betanien. Das ist der Name dieses kleinen Dorfes.

In einem dieser Häuser wohnen drei Geschwister,
zwei Frauen und ein Mann,
Maria, Martha, Lazarus.
Sie sind Freunde von Jesus.
Wenn Jesus nach Betanien kommt, wohnt er bei ihnen.
Jesus hatte viele Freunde;
aber diese sind besonders enge,
besonders vertraute Freunde.
Jesus liebte sie.

Jetzt ist Lazarus krank. Sehr krank. Tod-krank.
Seine Schwestern pflegen ihn.
Sie tun, was sie können.
Sie schicken nach bekannten, guten Ärzten.
Aber das Urteil steht fest: ihm ist nicht zu helfen.
Lazarus wird sterben.

So ist es:
Auch wer zu Jesus gehört, wird sterben.
Freundschaft mit Jesus bewahrt nicht vor dem Tod.
Du glaubst an Jesus?
Trotzdem gilt: Du mußt sterben!
Du bist ein sterblicher Mensch.
Daran ändert Jesus nichts.
Wer geboren worden ist, stirbt.
Das ist bitter.
Aber es ist wahr!
Können wir uns damit abfinden?

Maria und Martha schicken einen Boten.
Einen Boten zu Jesus.
Er soll helfen.

2. Bild

Wir sind nicht mehr in Betanien.
Wir sind auf der anderen Seite des Flusses.
Des Jordans.
Dort stoßen wir auf eine Gruppe Menschen.
Jesus und seine Freunde.
Sie sind geflohen.
Sie sind mit knapper Not entkommen.
Den Juden entkommen.
Die wollten Jesus steinigen.
Sie wollten ihn umbringen.
Er hatte gesagt: »Gott und ich, das ist dasselbe.

Wenn ich rede, redet Gott.
Wenn ich handle, handelt Gott.
Gott und ich – das ist eins.«
Das war stark.
Das wollten sie nicht gelten lassen.
Gott ist einmalig.
Keiner kann sich mit ihm vergleichen.
Kein Mensch.
Wer das tut, der lästert Gott.
Wer Gott lästert, der muß sterben.
Jesus hat Gott gelästert.
Jesus muß sterben.

Da kommt der Bote von Maria und Martha.
»Lazarus ist krank«, sagt er. »Todkrank. Maria und Martha – sie weinen, sie haben Angst, daß er stirbt. Sie bitten dich: Komm! Hilf! Lazarus braucht dich.«
Jesus hört die Nachricht.
»Es ist gut«, sagt er.
Aber er bricht nicht auf. Er bleibt.
Zwei Tage bleibt er noch dort.
Will er nicht helfen?

Kann er nicht helfen?
Oder ist ihm Lazarus gleichgültig?
Zwei Tage bleibt er noch.
Tödlich für einen Todkranken.
Er wird zu spät kommen.
Oder hat er Angst?
Hat er Angst vor dem Tod?
Hat er Angst, daß sie ihn doch erwischen?

Seine Freunde sind froh, daß er bleibt.
Selbstverständlich bleibt er.
Und sie sind erschrocken, zu Tode erschrocken,
als die zwei Tage vorbei sind und Jesus sagt:
»Wir gehen zurück!«

»Das kannst du nicht tun.«
Sie reden auf ihn ein.
»Die Juden bringen dich um.
Hast du das vergessen?«
Sie haben Angst.
Sie wollen nicht.
Aber Jesus hat entschieden.
»Es ist nicht unbegrenzt Zeit.
Wir müssen gehen.
Lazarus ist eingeschlafen.
Ich muß hingehen und ihn aufwecken.«

Das verstehen sie gut.
Schlafen, das tut einem Kranken gut.
Sich gesundschlafen, das kennen sie.
Dann hat es keine Eile.
Dann kann man noch bleiben.
Sie atmen auf.
»Aber nein!« sagt Jesus.
»So doch nicht. Lazarus ist tot!
Und wißt ihr was?
Ich bin froh, daß ich nicht bei ihm war.
Um euretwillen bin ich froh.
Denn nur so werdet ihr lernen, mir zu vertrauen.
Und nun auf! Wir ziehen nach Betanien.«
Da sagt einer, Thomas, hinter vorgehaltener Hand:
»Kommt, laß uns mitgehen.
Wenn schon, dann wollen wir mit ihm
zusammen umkommen.«

Ist das denn zu verstehen?
Jesus läßt den Lazarus sterben.
Er tut nichts gegen seinen Tod.
Zwei Tage – da war es zu spät.
Und dann: dann redet er von schlafen.
Ist denn der Tod ein Schlaf?

Kann unsereiner einen Toten aufwecken wie einen Schlafenden?
Keiner von uns kann das.
Und Jesus auch nicht.
Nicht dieser Menschensohn.
Nur Gott kann das.
Doch das ist noch die Frage:
Ob Gott das kann, ob er das tut.

3. Bild

Nun sind wir wieder in Betanien.
Unbehelligt kam Jesus hin.
Und mit ihm seine Freunde.
Keine Steine.
Keine Soldaten.
Keine Polizei.

Jesus nähert sich dem Haus.
Schon von weitem hört er das Geschrei.
Das Geschrei der Schwestern und der anderen.
Sie alle klagen: Lazarus ist tot.
Klagen, das tut gut.
Den Schmerz herauslassen, das tut gut.
Dann quält er nicht so sehr.
Da wirst du freier.
Freier auch zum Denken.
Zum Dank für diesen Menschen.

Maria und Martha.
Sie sehen den Freund kommen.
Beide laufen ihm entgegen.
»Schon vier Tage ist Lazarus tot, Jesus.
Wenn du bei uns gewesen wärst, wäre unser Bruder nicht gestorben.«
So sagen sie.

Das werfen sie ihm vor.
Sie haben ihm vertraut.
Sie haben geglaubt:
Jesus und Gott, das ist das Bündnis gegen den Tod.

Doch nun sind sie enttäuscht.
»Der Bruder wird auferstehen.«
So spricht Jesus zu ihnen.
Und Martha weiß:
»Ja, eines Tages wird er auferstehen.
Wenn alle auferstehen. Dann, am letzten Tage dieser Zeit.«
Doch Jesus widerspricht:
»Nein, nicht erst dann. Ich bin jetzt da. Jetzt gilt das Leben.
Der Tod hat keine Chance. Wo ich bin, ist der Tod am Ende.
Wo ich bin, kriegt's der Tod mit Gott zu tun.«

Dann all die anderen,
die Freunde aus dem Dorf.
Sie alle, die sie trösten wollten.
Jesus sieht sie weinen.
Er regt sich auf.
Zornig wird er auf den Tod.
Wie er sich der Menschen bemächtigt!
Und Jesus sagt: »Wo liegt er, der Lazarus?«
Sie zeigen ihm das Grab.
Gemeinsam ziehen sie hinaus.
Zum Friedhof vor dem Dorf.
Ein Grab mit Felsen,
dort hinein haben sie Lazarus gelegt.
Wie in eine Höhle.
Einen Stein haben sie davorgewälzt.
So ist es üblich.
Niemand kann hinein.
Niemand kann heraus.

Der Stein, er trennt die Lebenden von Toten. Er hält den Tod dort fest, wohin er, wie wir meinen,

auch gehört: ins Reich der Toten.
Und der Stein, er zeigt:
Der Tod hält fest, was er einmal gefangen hat.
Nun, Freunde, ob das nicht ein Irrtum ist?
Ob sich der Tod dran hält, was wir von ihm uns wünschen: zu bleiben bei den Toten? Ob er nicht doch schon heute, hier mitten unter uns, am Werke ist? Ist das erst tot, was nicht mehr atmet? Nicht mehr sich bewegt? Ist nicht auch der schon tot, den nichts bewegen kann, kein Leid und keine Freude? Der schon als Lebender ein Herz aus Stein hat? Und ob das nicht auch ein Irrtum ist: der Tod hält fest, was er einmal gefangen hat?

Sie stehen vor dem Grab
und Jesus fordert: »Nehmt den Stein weg!«
Martha wendet ein:
»Nein, Jesus, nicht! Er riecht doch schon!
Seit vier Tagen liegt er im Grab.«
Doch Jesus läßt's nicht gelten:
»Was willst du denn?
Ich habe dir versprochen, daß du heute etwas lernst.
Gott und ich – das ist eins. Das wirst du heute erfahren!
Darum: Nehmt den Stein weg!«

Mit Mühe rollen sie den Stein hinweg.
Und Jesus ruft hinein in das Grab:
»Lazarus, komm heraus!«
Und Lazarus kommt.
Seine Hände und Füße sind mit Binden umwickelt,
sein Gesicht mit einem Leichentuch verhüllt.
»Nehmt ihm das ab, damit er gehen kann!«

Nun ist es klar:
Jesus steht auf der anderen Seite,
er steht auf der Seite des Lebens.

Er ruft heraus aus dem Tod.
Der Tod hat keine Macht,
wenn er es zu tun bekommt mit Jesus und mit Gott.
Gott, das ist sein Tod.
Der Tod des Todes.

Doch glaubst du das?

Wenn's anders ist, dann geht es so wie in dem letzten Bild:

4. Bild

Wir sind noch immer in Betanien.
Lazarus lebt: Die Botschaft hat gezündet.
Die Menschen laufen Jesus nach in hellen Scharen.
Er ist beliebt, er ist begehrt.
Doch er ist auch verhaßt.
Die Oberen, sie können's nicht verstehen.
Er leitet diese Menschen irre.
Er zerstört den Glauben an die Religion.
Er untergräbt die Werte der Gesellschaft.
Er muß verschwinden.
Jedoch: Sie kommen nicht an ihn heran!
Sie wagen nicht, ihn zu ergreifen.
So fällt ihnen etwas anderes ein:
Lazarus zu töten scheint leichter.
Sie beschließen, den Lazarus heimlich umbringen zu lassen.

Wir wissen wohl:
Das Leben hat der Lazarus geschenkt bekommen,
erneut geschenkt bekommen von Gott.
Jesus hat es ihm gegeben.
Doch nun bemächtigen sich die Menschen dieses Lebens,
das ihnen nicht gehört,
sie wollen es ihm wieder nehmen,
umbringen wollen sie ihn.

Wißt ihr, was ich denke?
Bei Jesus hatte der Tod keine Chance.
Das wurmt den Tod.
Und ärgert ihn.
Das muß ihm furchtbar peinlich sein,
daß einer kommt, der mächtiger ist als er.

Und nun wehrt sich der Tod.
Er sucht nach einer Gelegenheit, sich zu rächen.
Er sucht nach einem Tor,
durch das er wieder Zugang hat zum Leben.

Und er findet dieses Tor.
Einige Menschen,
die lassen ihn herein.
Ihr Haß – ein Tor des Todes.
Ihr Neid – ein Tor des Todes.
So hat er wieder Macht, weil sie ihn lassen.
Sie werden zu Handlangern des Todes.

Dabei:
Der Tod hat nur die Macht,
die wir ihm zugestehen in unserm Leben!

Ernst F. Jochum
nach Johannes 11

»Bin ich nun auch ein ›Nazarener‹?«

Es gibt schöne Tage
und schlimme Tage.
Glückliche und unglückliche.
Tage, die kannst du gleich vergessen,
und Tage, die wirst du dein Leben lang nicht
vergessen.
Frühmorgens, wenn der Tag vor dir liegt,
weißt du es noch nicht, was es für einer werden wird.
Keiner weiß es.
Auch Kaiphas nicht,
oberster Priester zur Zeit Jesu.
Er ist an jenem Tag aufgestanden wie jeden Morgen.
Er hat ein wenig gebraucht, um wach zu werden.
Langsam sind die Gedanken gekommen.
»Was ist heute dran?
Ach ja,
Gamaliel hat um ein Gespräch gebeten.
Sicher geht es wieder um's Geld.
Der Tempel braucht höhere Zuschüsse.
Darum geht es meistens,
wenn Gamaliel mich sprechen will.«

Kaiphas wollte sich gerade fertigmachen,
da wurde ihm Besuch gemeldet.
Bevor Kaiphas noch seine Amtstracht angelegt hatte,
stand der Mann schon in seinem Schlafzimmer.
›Ein aufdringlicher Mensch!‹
»Was willst du?«

kam Kaiphas den Entschuldigungen des ungebetenen Gastes zuvor.
»Es ist wegen ihm«, stieß der hervor.
»Wieder einmal! Wegen ihm!«
Jakob aus Hebron, Mitglied des hohen Rates,
fuhr fort: »Stell dir vor,
jetzt hat er einen Toten auferweckt
– sagen die Leute –
einen gewissen Lazarus aus Betanien.
Das geht doch nicht!
Das geht so nicht weiter!
Wir müssen endlich etwas unternehmen!
Ich fordere eine Sondersitzung des Rates!«
Bei diesen Worten stampfte der alte Mann mit dem Fuß auf.
Wie ein kleines Kind.
Kaiphas dachte: ›Mein lieber Mann! –
Dem geht die Sache mit Jesus wirklich ganz schön unter die Haut!
Sonst ist er die Ruhe selber.
Aber jetzt?
Der Tag fängt ja gut an ...‹

Als der Bote die Einberufung
zu der außerordentlichen Ratssitzung zu Abner bringt,
sitzt der gerade beim morgendlichen Schriftstudium.
Abner stammt aus gutem Hause.
Seine Familie gehört zu den ›besseren Kreisen‹.
Er hat eine behütete Kindheit gehabt.
Seine Eltern haben hervorragende Lehrer ins Haus geholt.
Seine Ausbildung ist überdurchschnittlich.
Er hat studiert. Gesetzeskunde und Religion.
Die heiligen Schriften seines Volkes.
Gesetze und Geschichtsbücher.
Jetzt weiß er Bescheid. Er kennt sich aus.

Er weiß auch, was dahintersteckt.
Er ist sachverständig.
Experte in allen Fragen der Schriftauslegung.
Wer wissen will, was das Feiertagsgebot erlaubt oder verbietet,
was zwischen Morgen und Abend kommt,
der kann sich an Abner wenden.
Er bekommt Auskunft. Anerkannt gute Auskunft.
Abner hat einen guten Ruf,
denn er weiß nicht nur über Fragen des Glaubens und Lebens Bescheid,
er handelt auch danach.
Er nimmt es mit dem Glauben sehr ernst.
Die Beachtung der religiösen Bestimmungen prägt seinen Alltag.
Jetzt liest er gerade im
›Gesetz zur Heiligung des täglichen Lebens‹:
»Wenn du etwas gegen einen anderen hast,
dann trage deinen Groll nicht mit dir herum.
Rede offen mit ihm darüber,
sonst machst du dich schuldig.
Räche dich nicht an deinem Mitmenschen
und trage niemandem etwas nach.
Liebe deinen Mitmenschen wie dich selbst ...«
Er muß unterbrechen.
Wegen der Sondersitzung des Rates.

Eine Sitzung des Hohen Rates
ist immer eine aufregende Angelegenheit.
Siebzig Männer sind zusammen.
Vertreter aller Parteien und Gruppierungen.
Die Schriftgelehrten und die Ordensleute.
Wohlhabende Bürger und alter Adel.
Fortschrittliche, die Sadduzäer, und Konservative, die Pharisäer.
Hüter von Gesetz und Ordnung.

Alle sind sich ihrer Bedeutung bewußt.
Der Vorsitzende, Kaiphas, hat es stets schwer,
die siebzig Meinungen und die unterschiedlichen Interessen
unter einen Hut zu bringen.
In einer außerordentlichen Sitzung ist es besonders schlimm.
Redelust und Diskutierfreudigkeit überschlagen sich fast.

Kaiphas' Einleitung ist kurz:
»Ich habe das ›Hohe Haus‹ einberufen,
weil die Situation sehr ernst ist.
Die Klagen über den Nazarener häufen sich.
Es wird höchste Zeit,
daß wir uns mit dieser Angelegenheit befassen.
Sonst kann es gefährlich werden.
Die Ereignisse überrollen uns.
Die Situation gleitet uns aus der Hand.
Es spricht zu euch Jakob aus Hebron.«

Jakob erhebt sich:
»Jesus von Nazaret ist ein einfacher Mann aus dem Volk.
Ein Zimmermann ohne Bildung.
Er maßt sich an, im Namen Gottes zu sprechen.
Er verstößt gegen grundlegende religiöse Gebote.
Mit sogenannten Wunderheilungen fesselt er die Massen.
Seine Reden bringen Unruhe unter das Volk.
Immer mehr Menschen geraten in Bewegung.
Ein Teil seiner Anhänger soll bewaffnet sein.
Es ist klar, worauf das hinausläuft!
Aufruhr! Widerstand! Revolution!
Wir müssen eingreifen, ehe es zu spät ist.
Außerdem – und das ist das Schlimmste:
Die Autorität von uns Pharisäern bestreitet er.

Leute, die die heiligen Schriften studiert haben und sich auskennen,
nennt er ›Schlangenbrut‹, ›Natterngezücht‹, ›Heuchler‹.
Das geht entschieden zu weit.
Das können wir uns einfach nicht bieten lassen.
Dieser Spuk muß ein Ende haben.
Deswegen fordere ich: Weg mit dem Anführer der Bewegung!
Weg mit Jesus von Nazaret!«

Nun bricht ein Sturm los.
»Der muß weg! Sofort!«
»Quatsch! Solche Leute hat es schon öfter gegeben.
Sie sind von der Bildfläche wieder verschwunden.
Das erledigt sich von selbst.«
»Aber er nimmt uns Pharisäer doch gar nicht ernst ...«
»Wer tut das schon?«,
ruft ein Sadduzäer dazwischen. –
Die Debatte wird lauter, erregter, unsachlicher, persönlicher.

»Halt! Hört auf!«
ruft Abner dazwischen.
»Hört doch endlich auf mit diesem wütenden Gezänk.
Was wißt ihr eigentlich von Jesus?
Wer von euch kennt Jesus denn wirklich?
Ich bin ihm bisher nicht begegnet.
Aber, was ich gehört habe, klingt ganz anders.
Jesus ist keineswegs ungebildet.
Er weiß sehr viel von Gott.
Die heiligen Schriften kennt er wie kein anderer.
Doch er behält sein Wissen nicht für sich.
Er versteckt es nicht hinter religiösen Worten,
die keiner versteht,
sondern er redet zu den Leuten in ihrer Sprache.
Er nimmt Beispiele aus dem Alltag,

Vergleiche, die jeder verstehen kann.
Jesus zeigt den Menschen,
daß Gott sie liebt,
daß sie seine Kinder sind.
Einfach so.
Ohne daß sie sich zuvor bei Gott beliebt machen müßten.
Jesus sagt,
daß Gott das Leben will.
Das Leben ist wichtiger
als ausgedachte Ordnungen und festgesetzte Strafen.
Das bringt ihn in Konflikt mit manch geltender Auffassung.
Natürlich!
Aber es gibt den Gedanken neuen Raum
und ist von einer ansteckenden Lebendigkeit.
Ich denke,« schließt Abner,
»Jesus verhält sich wie die Kinder,
für die noch alles offen ist:
Er ist den Menschen gegenüber unbefangen
und gibt dem Leben eine Chance.
Er vertraut auf Gottes Möglichkeiten.
Deshalb mögen ihn die Leute.
Soweit ich weiß,
steht politischer Umsturz nicht auf seinem Programm.
Genauso wenig, wie es zum Programm von Kindern gehört.«

Einige lachen.

Nun nimmt Kaiphas das Wort:
»Mag sein, daß Jesus so ist. Und nicht anders.
Aber er begeistert die Menschen.
Das macht mir Angst.
Ich kann solche Begeisterung verstehen.
Dulden kann ich sie nicht.
Denn die Römer können zu dem Urteil kommen,

wir haben die Verhältnisse nicht mehr im Griff.
Und dann: Gnade uns Gott!
Sie werden mit uns ›kurzen Prozeß‹ machen.
Sie werden einschreiten und uns die Verfügungsgewalt
über Tempel und Volk entziehen.
Was das bedeutet,
wißt ihr ja selbst.
Wir müssen Schaden von unserem Volk abwenden.
Deswegen ist es besser,
wenn einer unschädlich gemacht wird,
als wenn das ganze Volk zugrundegeht.«

»Ich beantrage Abstimmung!«
ruft Jakob in die Versammlung.

Es wird entschieden: Jesus muß weg.

Die Versammlung löst sich auf.
Beim Hinausgehen bleibt Abner allein.
Keiner spricht mit ihm. Keiner verabschiedet sich.
Abner denkt an Jesus.
An die Menschen, die ihm folgen.
Er denkt auch an seine eigene Einsamkeit.
»Bin ich nun auch ein ›Nazarener‹?«,
fragt er sich –
»Was für ein Tag!«

Dietmar Gerts
nach Johannes 11,47–53

Der Verräter sitzt am Tisch

Lange waren die Israeliten in Gefangenschaft.
In Ägypten.
Gott hat sie befreit.
Viele Jahre ist das her.
Aber jedes Jahr feiern die Menschen ein Fest.
Passa.
Erinnerung an die Knechtschaft.
Dank für die Befreiung.
Wer kann, geht nach Jerusalem.
Feiert mit Verwandten, mit Freunden.

Auch Jesus will das Passa feiern.
Mit seinen Freunden.
In Jerusalem.

Das Fest beginnt mit einer Mahlzeit.
Petrus und Johannes bereiten alles vor.
Sie decken den Tisch.
Sie schmücken ihn.
Sie machen alles fertig.
Es ist alles bereit.

Am Abend kommt Jesus.
Er kommt in das Haus.
Die übrigen kommen auch.
Seine engsten Freunde.
Die Jünger.
Andreas, der Bruder von Petrus, kommt.
Er geht in den Raum.

Er sieht den Tisch.
Es ist alles bereit.
Er setzt sich.
Zusammen mit Philippus.
Den kennen sie schon lange.
Seit ihrer Kindheit.
Sie kommen aus demselben Dorf.

Levi kommt.
Er hat mal für die Römer gearbeitet.
Als Steuereintreiber.
Da hatte er keine Freunde.
Nicht einen.
Seinen Beruf hat er aufgegeben.
Wegen Jesus.
Jetzt wird er erwartet.
Begrüßt.
Von Thomas und Bartimäus.

Simon kommt. Der Kanaanäer.
Er hat sich mit dem Sohn des Alphäus zusammengetan.
Mit Jakobus.

Thaddäus kommt.
Zusammen mit Jakobus.
Fischer, wie sein Bruder Johannes.
Als letzter kommt der Mann aus Karioth.
Judas.
Er setzt sich zu den anderen.
Sie sind alle da.
Jesus.
Und seine engsten Freunde.
Die Zwölf.

Die Sonne sinkt.
Es wird dunkel.
Der erste Stern ist zu sehen.
Jetzt beginnt der Abend.

Der Sederabend.
Der Abend des Lammes.
Der Abend der ungesäuerten Brote.
Zur Erinnerung an damals.
Als Israel aus Ägypten aufbrach.

Das Mahl beginnt mit einem Umtrunk.
Jesus gießt Wein ein.
Er vermischt ihn mit Wasser.
So ist es üblich.
Er spricht ein Segenswort.
Und gibt den Wein weiter.
Die Freunde lassen den Becher herumgehen.

Sie unterhalten sich.
Sie denken an das, was hinter ihnen liegt.
Sie kennen sich jetzt schon eine ganze Weile.
Länger als zwei Jahre.
Sie waren zusammen in Kafarnaum.
In Tiberias.
Am See Gennesaret.
In den Dörfern Galiläas.

Sie haben viel erlebt.
Sie sind mit Menschen zusammengekommen.
Mit unzähligen Menschen.
Sie haben gefeiert.
Gesprochen.
Geheilt.
Gebetet.

Sie sind mit offenen Armen empfangen worden.
Aber auch mit Zurückhaltung.
Mit Unbehagen.
Manchmal mit Ablehnung.
Das hat sie zusammengebracht.
Das hat sie zu Freunden gemacht.

Jetzt steht Johannes auf.
Er ist der Jüngste.
Er fragt.
Warum ist dieser Abend anders als andere?
Der Jüngste stellt diese Frage.
Überall in den Häusern von Jerusalem.

Jesus antwortet.
Er erzählt, was sie wissen.
Die alte Geschichte vom Auszug.
Von der Befreiung aus Ägypten.
Lange ist es her.
Über tausend Jahre.
Und am Abend vor dem Auszug saßen sie zusammen.
Wie wir.
Sie wußten: Schweres kommt auf uns zu.

Schweres kommt auf uns zu!
sagt Jesus.
Auf uns!
Ich weiß nicht,
was alles geschehen wird.
Hier in Jerusalem.
Aber ich weiß:
Schweres kommt auf uns zu.

Wir haben Feinde.
Sie führen etwas im Schilde.
Ich weiß es.
Sie warten auf eine Gelegenheit.
Es geht gegen mich.

Und einer von euch wird ihnen helfen.
Einer wird mich verraten.
Ich weiß es genau.
Einer von euch.
Einer, der hier mit uns ißt.

Erst Stille.
Dann Fragen!
Bin ich es?
Ich?
Ich?
Ich?
Ich!

Die Jünger rufen durcheinander.
Herr, ich doch nicht!
Ich tue das nicht!
Niemals!
Nein!
Ich nicht!
Die Jünger schreien.
Sie sind erregt.

Der Verräter sitzt am Tisch.
Jesus nimmt das Brot.
Er spricht das Dankgebet:
›Gepriesen seist du, Herr unser Gott,
der du das Brot aus der Erde wachsen läßt!‹
Das kennen sie.
Von Kindheit an.
Der Vater hat es immer gesagt.
Beim Brot.
Zuhause.

›Das ist mein Leib,
der für euch gegeben wird!‹
hören sie.
Das ist anders.
Das kennen sie nicht:
Mein Leib – für euch!
Meine Liebe – für euch!
Mein Leben – für euch!
Ich – für euch!

Ich bin das Brot.

Jesus bricht das Brot.
Nehmt, eßt!
Er gibt es ihnen.
Allen.
Der Verräter sitzt am Tisch.

Jesus nimmt den Becher mit Wein.
Er spricht das Dankgebet:
›Gepriesen seist du,
Herr unser Gott, König der Welt,
der du alle Welt speisest
durch deine Güte und Barmherzigkeit.
Gepriesen seist du,
der du die Frucht des Weinstocks geschaffen hast.‹

Jesus sagt:
Trinkt alle daraus!
Dieser Kelch ist ein Zeichen.
Das Zeichen des neuen Bundes.
Gott schließt einen neuen Bund mit allen Menschen.
Er besiegelt ihn mit meinem Blut.
›Dieser Kelch ist das neue Testament in meinem Blut,
das für euch vergossen wird.‹

Sie trinken den Wein.
Alle.
Der Verräter sitzt am Tisch.

Ich werde nun keinen Wein mehr trinken,
sagt Jesus.
Bis der Bund besiegelt ist.
Der neue Bund.

Sie singen ein altes Lied:
  Dankt dem Herrn,
  denn er ist gut zu uns,
  seine Liebe hört niemals auf!

Als ich von allen Seiten eingeschlossen war,
schrie ich zum Herrn um Hilfe.
Er antwortete mir und machte mich frei.
Der Herr steht mir bei;
nun fürchte ich nichts mehr.
Was könnte ein Mensch mir schon tun?
Ich muß nicht sterben;
ich darf weiterleben und erzählen,
was der Herr getan hat.
Dankt dem Herrn,
denn er ist gut zu uns,
seine Liebe hört niemals auf!

Dann gehen sie hinaus.

Florian Sorkale
nach Lukas 22,7–23

Der Himmel hält den Atem an

Das ist ein seltsamer Zug,
der sich durch das Stadttor zwängt.
Durch das Stadttor von Jerusalem.
Hinaus zu der Stelle,
die »Schädel« genannt wird.
Die Hinrichtungsstätte.
Draußen vor der Stadt.

Soldaten sind da.
Natürlich.
Einfache Leute sind da.
Wichtige Leute auch.
Die wichtigen Männer der Stadt.
Kinder sind da. Frauen. Alte Leute.
Zuschauer, Fremde, Neugierige.
Und vorne, ganz vorne –
die drei Verbrecher.

Endlos ist die Schlange.
Die einen sind noch nicht richtig raus
aus der Stadt.
Die anderen sind schon da.
Ja, vorne an der Spitze –
die sind schon da.

Der Hauptmann gibt das Kommando:
»Das Ganze: Halt!«

Die Soldaten halten.
Die Verbrecher halten.
Endlich ist dieser Weg zu Ende.
Dieser Kreuzweg.

»Abteilung Eins: Umstellt das Gelände!«
»Abteilung Zwei: Den Richtplatz sichern!«
»Abteilung Drei: Zu mir!«
»Die Zimmerleute vortreten!«

»Die Verbrecher: Hängt auf!«

Die Zimmerleute treten vor.
Sie ergreifen die Verbrecher.
Sie legen einen auf das Holz.
Die Soldaten halten fest.
Sie nageln die Verbrecher fest.
Einen – nach dem andern.

Sie leisten gute Arbeit.
Dann richten sie das Kreuz auf.
Das erste. –
Steht!
Das zweite. –
Steht!
Das dritte. –
Fertig! Geschafft.

Da hören sie:
»Vater, vergib ihnen;
denn sie wissen nicht,
was sie tun.«
Wo kommt diese Stimme her?
Wer sagt das?
»Vater, vergib ihnen;

denn sie wissen nicht,
was sie tun!«

Es ist der in der Mitte.
Jesus.
Jesus aus Nazaret.
»Soll auch ein Zimmermann sein!«
Noch nicht sehr alt.
Knapp über 30 vielleicht.
Ja, der hat das gesagt:
»Vater, vergib ihnen;
denn sie wissen nicht,
was sie tun.«

»Was soll das heißen?«
»Was meint er damit?«
fragt einer der Zimmerleute.
»Ach – was!«
»Is' doch egal!«
»Der is' doch bald hin!«
»Lohnt nicht,
sich damit noch den Kopf schwer zu machen.«

Außerdem:
Die Leute drängen.
Das Volk will was sehen.
»Weg! Bloß weg hier!«
Denken die Zimmerleute.

Der in der Mitte,
der hat es den Leuten angetan.
Der reizt sie.
Ganz ruhig ist er.
Das reizt sie.
Sie spotten.

Sie lästern.
Sie machen sich lustig über ihn.
Sie beschimpfen ihn.
Die einfachen Leute.
Die führenden Leute.
Die Juden.
Die Römer.
Alle.

Die Soldaten reichen ihm Essig.
»Hat noch einer 'ne Idee?!«
Sie machen ein Schild:
»Dies ist der König der Juden!«
Das schreiben sie auf das Schild.
Ein toller Gag.
Dieser Verbrecher. – Der König der Juden.

Es geht weiter.
Sie machen das Schild fest.
Oben am Kreuz.
»Dies ist der König der Juden!«
Welch ein Witz!
Gelungen.

So geht es weiter.
Spott und Hohn.
Schlag auf Schlag.
Stunde um Stunde.
Bis zum Mittag.

Da verfinstert sich die Sonne.
Es wird dunkel.
Der Himmel hält den Atem an.
Die Leute wenden sich ab.
Sie verziehen sich.

Totenstille legt sich über das Land.
Die Fremden streben der Stadt zu.
In stiller Verzweiflung – die Freunde.

Totenstille ist über dem Richtplatz.
Die Soldaten sind noch da.
Keiner sagt ein Wort.
Totenstille auf der Schädelstätte.

Und in diese Totenstille hinein:
»Vater,
in deine Hände lege ich meinen Geist!«

Der in der Mitte sagt diese Worte.
Jesus.
Er ist allein.
Allein mit den Verbrechern.
Jesus ruft in die Totenstille:

»Vater,
in deine Hände lege ich meinen Geist!«
Und stirbt.

Florian Sorkale
nach Lukas 23,32–46

Das Schild

»Wenn jemand kommt, sag ihm, er soll ein bißchen warten!« hatte Ben-Amos seiner Frau zugerufen. »Ich muß mal eben zu Josef aus Arimathäa. Hab' noch was mit ihm zu bereden.«
»Jaja« hatte Ruth nur gemurmelt und weiter ihren Brotteig geknetet.
Im Hause des Josef traf Ben-Amos nur die alte Dienerin Elisabeth an. »Die gnädige Frau ist aufs Land und der Herr ist zur Sitzung«, sagte sie.
»Jetzt – zur Sitzung? Seit wann tagt der Hohe Rat zu dieser Tageszeit?« wunderte sich Ben-Amos.
Elisabeth zuckte die Schultern. »Weiß nicht. Er ist schon vor Sonnenaufgang in den Hohen Rat und seitdem ...«
»Vor Sonnenaufgang, sagst du? Das ist doch noch nie ...«
Weiter kam er nicht. Denn eine atemlose Stimme rief schon von weitem: »Amos! Amos!« Ben-Amos drehte sich um. Da keuchte Ruth heran, lief, winkte und rief immer wieder seinen Namen. Ohne sich weiter um Elisabeth zu kümmern, hastete er Ruth entgegen. »Komm schnell!« stieß sie hervor und rang nach Luft. »Beeil dich!« ›Ist unserem Jossle was passiert?‹ war sein erster Gedanke. Ruth schüttelte den Kopf. »PP!« keuchte sie, »PP hat einen Auftrag für dich – einen ganz eiligen!«
»PP?« Amos runzelte die Stirn. »Der? Seit wann lassen die Römer bei mir arbeiten?!« »Das ist doch jetzt egal, Amos!« erwiderte Ruth. »Jetzt hat er jedenfalls einen Auftrag für dich. Einen brandeiligen! ›Rapidissime!‹ hat der römische Soldat gesagt. Und soviel Latein kann ich inzwischen, um zu verstehen, daß es ganz rasch gehen soll. Also komm! Der Zettel mit den Angaben liegt auf deiner Werkbank.«

Jetzt war Ben-Amos neugierig. Er rief: »Bis gleich!« und lief schon voraus.
Als Ruth zuhause ankam, hörte sie ihren Mann in der Werkstatt singen. Sie lauschte. Er sang ein Stück aus dem alten Lied »Gelobt sei, der da kommt im Namen des Herrn! Hosianna dem Sohne Davids ...« Immer wieder. Sie betrat die Werkstatt. Ben-Amos hatte auf dem Tisch vor sich eine Platte aus Zedernholz und malte sorgfältig mit dem Dachshaarpinsel Buchstaben. – Dabei sang er: »Gelobt sei, der da kommt ...«
»Ich bin es nur, die da kommt...«, lachte sie. »Seit wann singst du beim Schildermalen?« Ben-Amos brach den Gesang des Liedes ab, um ihr sogleich singend zu antworten: »Seit heute, oh Weib – und von jetzt an alle Tage!« Und fuhr gleich fort: »Das ist nämlich ein Freudentag, meine Liebe – ein Freudentag für mich, für dich und für ganz Israel! Ja wirklich: ›Das ist der Tag, den der Herr macht, an dem man fröhlich sein kann‹, wie es im Psalm heißt. Hier (er nahm den Zettel und schwenkte ihn durch die Luft) hier! Das sagt alles!«
Amos las mit erhobener Stimme von dem Blatt: »Jesus von Nazaret, König der Juden.« Er unterbrach sich und deutete auf die Holzplatte: »Bis ›König‹ bin ich schon. Dann kommt es noch in lateinischer Sprache. ›Iesus Nazarenus Rex Iudaeorum‹. Und noch auf griechisch. Aber das kann ich nicht lesen. Da male ich die Buchstaben einfach ab. – Ist das nicht großartig, Ruth? Ist das nicht großartig?!«
Ruth schaute ihn fragend an, zuckte leicht mit den Schultern und sagte: »Ja?« »Aber natürlich!« rief Ben-Amos. »Verstehst du denn nicht, Frau? Das ist doch sonnenklar: Jesus hat sich endlich durchgesetzt – er hat die Macht ergriffen! Jetzt richtet er das Reich Davids wieder auf, wie es verheißen ist. Das Reich Gottes beginnt. Endlich! Hier, das Schild sagt es doch. Heute morgen, denk' ich, hat er Pontius Pilatus überzeugt. PP ist zurückgetreten. Jetzt ist Jesus von Nazaret der König. Nur so kann es sein! Und nun läßt PP dies' Schild anfertigen und an seinem Palast anbringen – ach, was sag' ich: nicht an

seinem ..., am Palast des Messias. Jesus von Nazaret wird von nun an darin wohnen! Und mein Schild, Ruth, mein Schild wird über der Palasttür hängen!!! ›Jesus von Nazaret, König der Juden‹ – und gleich in allen Weltsprachen! – Ich habe«, fügte Ben-Amos hinzu, »ich habe, wie du siehst, bestes Zedernholz genommen und von der teuren Purpurfarbe aus Mazedonien – sieh' nur, wie sie leuchtet!« Ben-Amos schaute mit geradezu zärtlichem Stolz auf sein Werk.

Ruth verhielt sich still. »Freust du dich denn gar nicht?« fragte er sie ein wenig verwundert. Ruth zuckte mit den Schultern. »Ich weiß nicht«, sagte sie leise. »Das – das kommt mir alles ein bißchen – phantastisch vor, was du da sagst.«

»Ach, ihr Frauen!« lachte Ben-Amos und begann zu malen. »Nach dem triumphalen Einzug von Jesus in die Stadt, nach all dem Jubel konnte es gar nicht anders kommen! Außerdem: der Hohe Rat tagt schon seit Morgengrauen, hab' ich von Elisabeth gehört. Ist doch klar, was das bedeutet: Sie beraten über die Krönungsfeierlichkeiten. Ah, das wird großartig!«

Ben-Amos malte ›König der Juden‹ zu Ende und sang dabei.

Kurze Zeit später polterte der römische Soldat in die Werkstatt. Ben-Amos arbeitete noch an den letzten griechischen Buchstaben. Wortlos griff der Soldat nach dem Schild und zog es einfach unter dem Pinsel weg. »Du Narr!« brüllte Ben-Amos, »du verdammter Narr! Siehst du nicht ...« Der Soldat grinste und hielt sich das Schild über den Kopf. »Die Farbe ist doch noch feucht! Sie läuft herab!« schrie Ben-Amos wütend und wollte nach dem Schild langen. Aber der Soldat hielt es noch etwas höher und wandte sich der Tür zu.

Ben-Amos sah nur noch, wie die noch nassen Buchstaben ausliefen; die rote Farbe triefte in kleinen Rinnsalen herab wie Blut aus einer Wunde. Die Tür schlug hinter dem Soldaten zu. Voller Zorn wollte Ben-Amos ihm nach – aber Ruth lehnte sich gegen die Tür. »Nicht, Amos, bitte nicht!« flehte sie ihn an. »Komm, laß ihn gehen! Du weißt doch, wie die Römer sind!« »Aber er hat mein Schild ruiniert!« tobte Ben-Amos. »Und solch' ein Geschmiere hängt dann am Königspalast des

Jesus von Nazaret! Was werden die Leute sagen, wenn sie sowas sehen?! Mit Fingern werden sie auf mich zeigen und sagen: Der hat wohl nichts übrig für den Messias?! – Nein, Ruth, – so kann man mit Ben-Amos, dem Schildermaler, nicht umgehen!«

Er wollte Ruth von der Tür wegziehen, aber sie blieb standhaft. »Du kannst jetzt nicht weg«, sagte sie. »Denk bloß, wenn die vom Hohen Rat kommen. Die ... die brauchen doch auch Schilder, jetzt, wo die Massen zur Krönung in die Stadt kommen. Die Gastwirte, die Händler und überhaupt alle werden dir Arbeit bringen ... Das Schild am Palast, das kannst du später auswechseln. Morgen schon. Aber jetzt bei den Römern Wirbel machen – nein, laß das, Amos! Sie ... sie müssen sich doch erst daran gewöhnen, daß nicht mehr sie die Herren sind, sondern Jesus von Nazaret, verstehst du?« Amos murrte. Schließlich gab er nach – wenn auch knurrend. »Fang doch schon mal an mit einem neuen Schild für den Palast!« schlug Ruth vor. »Vielleicht – vielleicht malst du gleich eine hübsche Randleiste drumherum?« Ben-Amos nickte versonnen. »Mhm – das wäre eine Idee!« murmelte er. »Was schlägst du für ein Muster vor?«

»Wie wäre es, wenn du das Lebensbaum-Muster nähmst?« meinte Ruth. Ben-Amos nickte. »Lebensbaum«, sagte er, »›Jesus von Nazaret, König der Juden‹ – und drumherum das Lebensbaum-Muster. Ja! – Das ist gut!!!«

Ben-Amos begann unter den Holzplatten für ein neues Schild zu suchen. Er sang auch schon wieder: »Hosianna dem Sohn Davids ... Dies ist der Tag, den der Herr macht ...«

Erst am Nachmittag fand Ben-Amos Zeit, das Haus zu verlassen. Das neue Schild war großartig gelungen. Jetzt trug er es, in ein Stück Leinwand eingewickelt, unter dem Arm. Vielleicht, dachte er, vielleicht kann ich es gleich noch austauschen gegen das schmierige, das so schauderhaft aussah, so, na ja, blutig ...

Langsam stieg er hinauf zum Palast des Pontius Pilatus. Unterwegs traf er nur vereinzelt Leute. – Seltsam! dachte er.

›Wahrscheinlich sitzt ihnen noch die Sonnenfinsternis in den Knochen‹, er lächelte. Er hatte nur an Regenwolken gedacht und schnell eine Öllampe angezündet, so vertieft war er in die Arbeit an dem neuen Schild gewesen. Solch eine Lebensbaum-Ranke braucht eben große Konzentration. Erst Ruth hatte ihm davon berichtet – aber da war die Sonnenfinsternis schon vorbei.
Endlich gelangte er zum Palast. Auch hier: Kein Mensch zu sehen. Wie ausgestorben alles. »Merkwürdig!« murmelte Ben-Amos. War Pontius Pilatus schon ausgezogen? Die Römer aus der Stadt heraus? So schnell? Er schaute zum Eingangstor des Palastes. Da stand immer noch wie eh und je in Stein gemeißelt »Statthalter des Kaisers von Rom«.
Von *seinem* Schild keine Spur.
Ben-Amos atmete auf. Pontius Pilatus hatte eben doch Kultur und ein Gespür dafür, was man einem – nein: *dem* – König der Juden schuldig war. Also hatte er das schmierige Schild nicht angebracht. – Gott sei Dank!
Oder? – Der Gedanke durchfuhr Ben-Amos und ihm wurde eiskalt – oder wohnte Jesus von Nazaret gar nicht hier? Aber wo dann? – Vielleicht im Palast des Hohenpriesters??? Ja – sicher. Messias – Hohenpriester, das war ja überhaupt viel näherliegend! Klar, deswegen waren hier auch keine Menschen! Natürlich, sie waren alle am Palast des Hohenpriesters – und da würde er sein Schild finden. Über dem Eingang. Für alle sichtbar.
Ben-Amos stöhnte bei dem Gedanken und schlug sich mit der flachen Hand vor die Stirn. »Mach Platz!« herrschte ihn einer an. Ben-Amos schaute auf. Er trat beiseite und ließ den Mann mit dem römischen Arbeitspferd vorbei. Es zog einen langen Balken hinter sich her. Der Balken polterte über das Pflaster.
Ben-Amos wollte sich schon abwenden, um in die Stadt zu eilen – da fiel sein Blick auf das Ende des Balkens. Da baumelte, nur von einem Nagel notdürftig gehalten nun sein Schild. Das Schild, das er am Morgen gemalt hatte.

Es holperte, rotfleckig an ihm vorüber – und verschwand mit dem Balken im Seitentor des Palastes.
Sein Schild! Was hatte sein Schild da am Kreuz zu suchen?
»He!« rief er hinter dem Mann mit dem Pferd her, »he, du, wart' einen Augenblick! Sag' doch ...«
Kurze Zeit danach wußte er alles.
Zum zweiten Mal stand Ben-Amos an diesem Tag vor der Tür des Hauses von Josef aus Arimathäa. Zum zweiten Mal mußte er von der alten Elisabeth hören: »Josef ist nicht da. Er ist zu seinem Grab gegangen. Vor die Stadt.«
›Was macht denn Josef bei seiner Grabstätte? Jetzt kurz vor Sabbatbeginn?‹ fragte sich Ben-Amos und wandte sich in Richtung Stadttor. Er trug immer noch das Schild unter dem Arm. In Leinwand eingewickelt, aber er hatte es längst vergessen. Mit seinen Gedanken war er ganz woanders: auf Golgota, bei dem Kreuz mit seinem Schild obendran – und darunter ... Alle seine großen Hoffnungen waren tot, so wie Jesus.
Er traf Josef aus Arimathäa an der Grabstätte. Erst vor einem halben Jahr hatte der sich die Höhlung aus dem Fels herausschlagen lassen. Der große Stein, der sie sonst verschloß, war zur Seite gerollt; zwei Knechte Josefs saßen daneben. Offenbar warteten sie darauf, den Stein wieder davorzurollen. Josef stand ein paar Schritte weg und schaute ins Kidrontal.
»Schalom, Josef!« begrüßte Ben-Amos ihn. »Was treibst du hier? Heute morgen in aller Frühe im Hohen Rat, jetzt am späten Nachmittag an deinem Grab – das ist alles ziemlich – merkwürdig?« Josef nickte geistesabwesend. »Heute morgen konnte ich nichts ausrichten. Alle waren gegen ihn. Sie sprachen das Urteil. – So will ich wenigstens jetzt etwas für ihn tun. Das letzte, was man halt tun kann.«
»Wovon redest du?« fragte Ben-Amos verwirrt. »Jesus von Nazaret«, murmelte Josef. »Da – da drin?« stammelte Ben-Amos und zeigte zur Grabhöhle hinüber. Josef nickte. »Ich brauch' das Grab jetzt nicht. *Ich* bin ja lebendig«, murmelte er. »Obwohl – obwohl ich mir wie tot vorkomme ... nach alledem. Aber ER braucht ein anständiges Grab. Wenigstens

das. – Sie wickeln ihn gerade in Leinwand. Zu mehr reicht die Zeit nicht vor Sabbatbeginn. Übermorgen werden...«
»Entschuldige, Herr,...«
Eine Frau mit verweinten Augen war herangetreten, ohne daß sie es bemerkt hatten. »Ja, was ist, Maria Magdalena?« fragte Josef.
»Entschuldige, Herr, aber die Leinwand reicht nicht. Es fehlt nicht viel, aber ...« Sie sah Josef hilflos an.
»Mhm, was können wir da tun?« sagte Josef ärgerlich. »Jetzt vor dem Sabbat noch in die Stadt, das geht nicht mehr, und ...« Da fiel sein Blick auf das, was Ben-Amos bei sich hatte. »Mann, Amos, brauchst du das da dringend?« fragte er und zeigte auf die Leinwand, die Ben-Amos, um etwas herumgeschlungen, unter dem Arm trug. Jetzt erst merkte Ben-Amos, daß er immer noch das Schild mit sich herumtrug. Er schüttelte den Kopf. »Nein – das brauch' ich nicht mehr. Ganz und gar nicht. Die Leinwand ist noch das Brauchbarste – jetzt. Hier – (er begann sie abzuwickeln) – hier – nehmt sie ...«
Das Schild kam zum Vorschein.
»Was – was ist das?« flüsterte Josef und starrte darauf. Die Frau sah auch hin und brach erneut in Tränen aus. »Jesus von Nazaret, König der Juden«, schluchzte sie. »Gib her!« sagte sie.

Jürgen Koerver
zu Johannes 19,20

»Freund, bleibe bei uns!«

»Onkel Kleopas, warum ißt du denn nichts?« fragt Julia. »Ich habe die ganze Woche kaum etwas gegessen«, antwortet der Onkel. »Du kannst aber nicht nur so rumhängen, Kleopas«, sagt Julias Mutter. »Du bist ja richtig krank. Schmal geworden bist du.«
»Ja, ja«, nickt Kleopas, »du weißt, was für mich, für uns alle, auf dem Spiel gestanden hat. Wir hatten gedacht, es habe einen Sinn, durch die Dörfer und Städte zu ziehen und den armen Leuten zu helfen. Was haben wir nicht alles aufgegeben dafür – Familie, Beruf, sicheres Einkommen!« Kleopas wirkt sehr niedergeschlagen.
Julia fühlt mit ihm. Sie weiß nicht genau, worum es eigentlich geht, aber sie weiß, was es heißt, traurig zu sein.
Vor zwei Jahren ist ihr Vater bei einer Auseinandersetzung im Basar von Jerusalem ums Leben gekommen. Ein Stein hatte ihn getroffen. Die Ärzte konnten ihn nicht retten. Es war eine schwere Zeit für Julia, als sie lernen mußte, ohne den Vater zu leben. Damals hat sie auch oft nichts essen können.
Gewöhnlich spielt Julia den ganzen Tag mit den Kindern auf der Straße. Aber wenn ihr Onkel Kleopas zu Besuch kommt, läßt sie die Freunde Freunde sein und setzt sich zu ihm. Julia hat ihn sehr gern; besonders, wenn er von früher erzählt, als er mit Julias Vater Streiche ausgeheckt hat und dabei viel Spaß hatte. Aber heute will die sonst so ausgelassene Stimmung nicht aufkommen. Kleopas' Traurigkeit bewirkt, daß alle bedrückt sind.
»Ich gehe zu Jolup nach Emmaus«, sagt Kleopas plötzlich, »vielleicht kann er helfen. Vielleicht hat er einen Rat, wie es

jetzt mit uns weitergehen soll. Ich werde Simon fragen, ob er mitgeht. Der ist genauso niedergeschlagen wie ich. Hier in Jerusalem halte ich es nicht mehr aus!«
Julia würde ihrem Onkel zu gerne helfen. Sie kann es kaum ertragen, daß es ihm so schlecht geht. Aber was kann sie tun? Sie weiß es nicht.
»Julia, willst du mit?«, fragt Kleopas, »ich brauche dich. Du wirst mich ablenken.« Mit einem fragenden Blick an die Mutter gewandt, fügt er hinzu: »Ich würde sie gerne mitnehmen, wenn es dir recht ist. « Mutter nickt.
Julias Herz klopft schneller. Das kann doch nicht wahr sein! Der Onkel braucht sie! Sie kann ihm helfen!
Überglücklich macht sie sich mit ihm auf den Weg. Sie holen Simon ab, der unten am Stadttor wohnt. Dann verlassen sie Jerusalem. Die Männer schweigen. »Schade«, denkt Julia, »ich möchte doch erfahren, warum Onkel Kleopas so traurig ist.« Weil nichts geschieht, hört sie dem Vogelgezwitscher zu und dem Knirschen des Sandes unter ihren Sandalen. Als auch das langweilig wird, zählt sie die Sträucher am Wegrand.
An einer Wegkreuzung begegnet ihnen ein Fremder. Julia wundert sich, daß Kleopas und Simon seinen Gruß nicht erwidern. So sagt sie schnell: »Friede sei mit dir!« Der Fremde nickt ihr freundlich zu. Dann wendet er sich an die Männer: »He, ihr beiden! Was ist los? Habt ihr die Sprache verloren?« »Ach, laß uns in Ruhe! Was weißt du denn schon!?« Simon runzelt die Stirn und sieht den Fremden düster an. Kleopas bleibt stehen, stemmt die Arme in die Seiten und fragt den Fremden verwundert: »Du bist wohl der einzige in Jerusalem und Umgebung, der nicht weiß, was dort in den letzten Tagen geschehen ist!« Julia hört gespannt zu, vielleicht erfährt sie jetzt etwas. »Was denn?« fragt der Fremde. »Na, das mit Jesus von Nazaret«, antwortet Kleopas.
Julia weiß zwar nicht viel mehr als vorher, aber sie hat den Namen »Jesus von Nazaret« mitbekommen. Den Namen hat sie auch früher oft gehört. Onkel Kleopas war es, der immer

ganz begeistert von Jesus erzählt hat. Aber heute? Richtig, heute war der Name noch nicht gefallen. ›Daß Onkel Kleopas so traurig ist, muß mit Jesus zusammenhängen‹, denkt Julia, ›irgend etwas muß mit ihm passiert sein.‹
»Gehörst du vielleicht auch zu denen, die Jesus noch vor wenigen Tagen zugejubelt haben, als er zum Passa in Jerusalem eintraf?« Und als der Angesprochene verneint, fährt Kleopas fort: »Die Menschen wollten ihn zu ihrem König machen. Aber als er darauf nicht einging, riefen sie schon bald: ›Macht ihn fertig!‹ – ›Bringt ihn um!‹ – ›Ans Kreuz mit ihm!‹
Vieles haben wir mit ihm erlebt, aber nun ist er tot, unser Freund. Hingerichtet haben sie ihn wie einen Verbrecher. Grausam war das mitzuerleben. Geflohen sind wir. Versteckt haben wir uns. Wir wußten nicht, was wir tun sollten. Wir wissen immer noch nicht, wie es weitergehen soll. Unsere ganzen Hoffnungen sind zerschlagen!«
Julia sieht ihren Onkel mit großen Augen an. Jetzt hört sie Simon sagen: »Ja, wir hatten viele Hoffnungen, als wir mit Jesus zusammen waren. Wir sahen die Not der Menschen: Abgehetzt, krank, ängstlich, unterdrückt und unterwürfig leben viele. Wir dachten immer, mit Jesus würde sich alles ändern. Nun ist er begraben. Jetzt ist alles aus.« Kleopas nickt dazu und meint: »Aber warum erzählen wir dir das alles? Du verstehst uns ja doch nicht; niemand wird uns verstehen!«
»Was habt ihr nur für Vorstellungen?!« wundert sich der Fremde. »Kennt ihr nicht die Geschichte eures Volkes? Habt ihr nicht die Propheten gelesen? Warum glaubt ihr ihnen nicht? Die Welt zu verändern dauert lange.«
»Wie ein Same, der aufs Land fällt. Er braucht Zeit, zum Wachsen ...« Julia hat es halblaut gesagt, mehr für sich. Aber alle haben ihre Worte gehört. Der Fremde unterbricht seine Rede. »Julia!«, ermahnt sie Onkel Kleopas. »Nein, laß sie doch!«, fällt ihm der Fremde ins Wort, »hört auf das Kind. Es hat recht.« Er lächelt Julia zu.
Gewöhnlich protestiert Julia dagegen, wenn jemand sie noch »Kind« nennt.

Jetzt sagt sie nichts dazu. Der Fremde kann ja nicht wissen, wie alt sie schon ist und außerdem ... Sie ist stolz und verlegen zugleich, daß er ihre Worte so ernst nimmt.
»Was Jesus geschehen ist, mußte sein«, fährt der Fremde fort. »Er mußte den Weg an das Kreuz gehen. Glaubt den Vätern: Anfangen und Scheitern sind nicht sinnlos! Auch nicht, wenn es mit Leiden und Traurigkeit verbunden ist.«
Kleopas und Simon hören dem Fremden wortlos zu. Julia sieht, wie sie angestrengt nachdenken.
Die Zeit ist schnell vergangen. Sie sehen schon die Häuser von Emmaus. Der Fremde will sich verabschieden. Aber Kleopas hält ihn zurück: »Willst du nicht mit zu unserem Freund Jolup kommen? Es wird gleich dunkel. Du kommst nicht mehr weit. Und wir können unser Gespräch fortsetzen.« »Ja, komm' doch mit uns!«, bittet auch Julia. Ihr Onkel sieht nicht mehr so traurig aus wie am Nachmittag. Julia möchte, daß der Fremde weiter mit den Männern spricht.
›Ein aufregender Tag heute‹, denkt Julia. Ihr fällt ein Lied ein, das sie sogleich anstimmt:

Melodie: Christoph Wilcken

Jolup hat die Freunde nicht erwartet, aber er freut sich und sagt: »Kommt doch herein, seid alle meine Gäste! Ich habe gerade den Tisch für mich gedeckt. Aber es ist genug Brot für alle da. Und an Wein wird es auch nicht mangeln.« Julia läuft auf Jolup zu und umarmt ihn.
Jolup richtet den Tisch für seine Gäste und Julia geht in den Stall, um die Lämmer zu begrüßen. Gerade überlegt sie, ob sie auf das Essen verzichten und sich einfach auf das Stroh legen und schlafen soll, da öffnet sich die Stalltür. Der Fremde kommt herein – mit einem Stück Fladenbrot. »Dieses Brot für dich«, sagt er, »damit du diese Stunde nicht vergißt.« Er gibt ihr das Brot. »Ich will doch noch weiter. Geh' du nur zu den Männern ins Haus! Friede sei mit dir!« Er verläßt den Stall.
Julia geht in das Haus zurück. Sie traut ihren Augen und Ohren nicht. Wie verwandelt sind sie, Jolup, Simon und ihr Onkel Kleopas. Alle reden auf einmal, schlagen sich gegenseitig auf die Schultern, strahlen vor Freude. »Als er das Brot mit uns brach«, sagt ihr Onkel, an Julia gewandt, »erkannten wir ihn: Er war es selbst! Jesus! Er lebt! Wir müssen gleich zurück nach Jerusalem. Wir wollen es allen erzählen. Komm mit, Julia!«
»Wie, jetzt mitten in der Nacht?«, fragt Julia mit großen Augen. »Ja, ja, jetzt gleich.« Onkel Kleopas nimmt sie an die Hand. Julia sieht den Onkel an: Alle Traurigkeit ist von ihm abgefallen, seine Augen sprühen vor Unternehmungslust und Freude, sein Gesicht ist wieder voller Leben.
›Das ist es wert!‹, denkt Julia. Laut sagt sie: »Na klar, ich komme mit!«

Christoph Wilcken
nach Lukas 24,13–35

Die Erzählungen in der Reihenfolge der Bibel

Themen und Stichworte, die in den Erzählungen angesprochen werden

Autorenverzeichnis

Bernhard Funke, 1948 in Oelde in Westfalen geboren, arbeitete nach dem Studium zum Dipl.-Soziologen in Köln und Berlin als pädagogischer Mitarbeiter in Projekten für sozial benachteiligte und behinderte Kinder im Märkischen Viertel und im Kinderhaus Friedenau in Berlin. Er ist seit 1980 Berater für die Arbeit mit Kindern in der Ev. Kirche Berlin-Brandenburg (Berlin West), Kirchenkreis Wedding.

Dietmar Gerts, 1943 in Stettin-Hökendorf geboren, war nach dem Studium an der Theologischen Akademie Celle Gemeindepastor in Wangelnstedt, Kirchenkreis Holzminden, und Schulpastor in Wolfsburg. Seit 1980 leitet er die Arbeitsstelle für Konfirmandenunterricht in der Ev. Kirche Berlin-Brandenburg (Berlin West).

Ernst F. Jochum, 1943 in Bielefeld-Bethel geboren, studierte in Münster und Bonn. Er ist seit 1972 Gemeindepfarrer in Bonn-Bad Godesberg.

Jürgen Koerver, 1931 in Köln geboren, wurde nach seinem Theologiestudium in Bethel, Wien, Heidelberg und Bonn Pfarrer in Düsseldorf-Urdenbach. Seit 1977 ist er Landespfarrer für Kindergottesdienst in der Ev. Kirche im Rheinland.

Jürgen Kroll, 1934 in Berlin geboren, studierte an der Kirchlichen Hochschule Berlin und war von 1960 bis 1975 Pfarrer in der Oster-Gemeinde, Kirchenkreis Wedding. Seit 1976 arbeitet er in der Kirchengemeinde Alt-Reinickendorf, Kirchenkreis Reinickendorf der Ev. Kirche Berlin-Brandenburg (Berlin West).

Kurt-Eugen Melchior, 1943 in Solingen geboren, studierte in Wuppertal und Mainz und an der Sozialakademie in Dortmund. Seit 1974 ist er Gemeindepfarrer in Wuppertal-Vohwinkel, Bezirk Bremkamp.

Ute Melchior-Giovannini, 1950 in Köln geboren, ist ordinierte Theologin. Sie arbeitet mit gehörlosen Kindern an einer Schule und mit Konfirmanden in der Kirchengemeinde Wuppertal-Vohwinkel.

Florian Sorkale, 1941 in Berlin geboren, studierte Theologie in Berlin und Göttingen, arbeitete als Gemeindepfarrer in Spandau und in Koblenz und als Dozent am Pädagogisch-Theologischen Institut, Fachbereich Konfirmandenarbeit, in Bad Godesberg. Seit 1986 ist er Mitarbeiter in der Ökumenischen Werkstatt in Wuppertal.

Eberhard Thon, 1955 geboren in Berlin, studierte Theologie in Berlin und ist seit 1984 Pfarrer an der Segenskirche im Kirchenkreis Reinickendorf der Ev. Kirche Berlin-Brandenburg (Berlin West).

Heide Wettig, 1938 in Zabitz bei Halle geboren, wurde am Katechetischen Seminar in Neuendettelsau ausgebildet und arbeitete von 1959 bis 1962 als Religionslehrerin in Fürth/Bayern. Sie lebt heute in Köln und ist in der Konfirmanden- und Behindertenarbeit tätig.

Christoph Wilcken, 1952 in Lörrach/Baden geboren, studierte Theologie und Musik in Basel, Heidelberg und Berlin und arbeitete 1977 bis 1984 als Kirchenmusiker in Berlin. Seit 1985 ist er Jugendarbeiter in der Ev. Kirchengemeinde Neutempelhof in Berlin

Quellen-Nachweis

S. 31: Dietmar Gerts / Ute Melchior-Giovannini, Menschenfischer, was ist denn das? © An Jesus Christus glauben, ku-praxis 20, Gütersloher Verlagshaus Gerd Mohn, Gütersloh 1985, S. 7f.

S. 38: Zitat »Ich preise dich, ...« aus: Die Texte aus Qumran, hrsg. von Eduard Lohse, Wissenschaftliche Buchgesellschaft Darmstadt, Darmstadt 1964, S. 119. (1QHII,31 a).

S. 57: Florian Sorkale, Ich habe noch nie etwas getan. © An Jesus Christus glauben, ku-praxis 20, Gütersloher Verlagshaus Gerd Mohn, Gütersloh 1985, S. 9f.